hnb-verlag.

Ein Buch aus dem
hnb-verlag
Machnower Str. 27a
14165 Berlin
www.hnb-verlag.de
info@hnb-verlag.de

Cover & Illustrationen:	Rudolf Schuppler, www.grafik-schuppler.at
Lektorat & Textredaktion:	Susanne Jauss, www.jauss-lektorat.de
Druck:	Druckerei Schlesener KG Berlin, www.schlesener.de

1. Auflage
ISBN: 978-3-943018-20-2

Bibliografische Information der Deutschen Bibliothek:
Die Deutsche Bibliothek verzeichnet diese Publikation in der Deutschen Nationalbibliografie; detaillierte bibliografische Daten sind im Internet über http://dnb.ddb.de abrufbar.

Computertechnik leichtgemacht
Band 1

Der Weg zum eigenen Computer

Alexander Herrmann
Michael Nürnberger

hnb-verlag

Über Technic3D

Das Online-Hardware-Magazin **Technic3D** (www.technic3d.com) wurde im Oktober 2004 gegründet und entwickelte sich innerhalb kurzer Zeit zu einer beliebten und deutschlandweit bekannten Internetpräsenz rund um aktuelle Hard- und Software.
Technic3D versorgt seine Leser täglich mit News aus dem Hardware-, Software- und Spielebereich. Neben den News ist das Online-Magazin besonders durch seine zahlreichen Artikel und Testberichte rund um den Computer bekannt, wobei die Redaktion hohen Wert auf Ausführlichkeit und Objektivität legt. Im Durchschnitt wird alle zwei Tage ein Testbericht veröffentlicht.
Rund 300.000 Leser besuchen pro Monat das Online-Magazin Technic3D. Mit ausführlichen und nachvollziehbaren Testverfahren sorgt Technic3D für eine hohe Transparenz im Zuge eines Testberichts.

Über die Autoren

Alexander Herrmann, geboren 1982 in Magdeburg und wohnhaft in Berlin, begleitet die PC-Technik bereits seit seiner Jugend. Aus seinem Hobby machte er seinen Beruf. Er ist beim bekannten Online-Hardware-Magazin Technic3D sowie im technischen Service bei einem der führenden deutschen Onlineshops für PC-Technik tätig. Neben der PC-Technik ist seine zweite große Leidenschaft das Lesen und Schreiben.

Michael Nürnberger ist in Karlsruhe geboren und kam als Achtjähriger nach Berlin, wo er noch heute mit seiner Familie lebt. Schon im Jugendalter galt seine große Liebe der beginnenden Computerzeit. So fing alles mit dem ersten Atari an und setzte sich mit dem rasanten Wandel der Technik fort. 2004 machte er sein Hobby zum Beruf und gründete das Online-Hardware-Magazin Technic3D. Als Inhaber und Chefredakteur kann er hier seine ganze Erfahrung einbringen und seine Liebe zur Computertechnik ausleben.

Inhalt

Vorwort	7
Technic3D proudly presents: Basti und Horst	8
Die Anschaffung eines Computers	9
Die Grundlagen der PC-Technik	23
Der Aufbau eines Computers im Überblick	31
Externe Komponenten	37
Interne Komponenten	59
Eingabegeräte	107
Ausgabegeräte	121
Der Zusammenbau des Computers	129
Probleme? So leicht kann die Lösung sein!	153
Tipps & Tricks zur Kühlung des Computers	161
Tipps & Tricks zur Reduzierung der Lautstärke	169
Begriffsverzeichnis	177

Vorwort

Liebe Leserin, lieber Leser,

Computer sind heute aus unserem Alltag kaum mehr wegzudenken, und doch gibt es immer wieder Probleme und Fragen beim Zusammenbau und beim Betrieb eines PCs – nicht nur bei Einsteigern, sogar der ein oder andere Profi weiß manchmal nicht mehr weiter.
Probleme treten nicht nur beim Aufbau oder in Form von Abstürzen auf, auch die Kühlung des PCs erscheint dem Nutzer bisweilen wie ein Buch mit sieben Siegeln. Ein Computer ist ein High-End Element und muss entsprechend gepflegt und gewartet werden. Dazu zählt natürlich, dass die verbauten Komponenten eine sehr gute Kühlung aufzuweisen haben.
Mit unserer Buchreihe **Technic3D – Computertechnik leichtgemacht** führen wir Sie in die Welt der Computer, wobei unser Helfer Basti so manche Frage zum Aufbau, zur Erweiterung und Optimierung eines Computers klärt und Ihnen einige wertvolle Profi-Tipps verrät. So eignet sich der vorliegende erste Band **Der Weg zum eigenen Computer** unserer Buchreihe nicht nur für die Neueinsteiger unter Ihnen. Auch Anwender, die bereits umfassende Erfahrungen mit dem Computer haben, werden hier neue Fakten, nützliche Tipps und Ratschläge finden. Zentrale Themen sind dabei die Zusammenstellung der Technik, deren Zusammenbau und Wartung sowie die Optimierung und Problemlösung. Mit Hilfe von Checklisten unterstützen wir Sie bei der Entscheidung für oder gegen eine bestimmte Hardware-Komponente.
Speziell für Neueinsteiger haben wir in Kapitel 2 die Grundlagen der Computertechnik zusammengestellt, um ihnen den Einstieg in diese umfangreiche Materie zu erleichtern. Auch finden Sie im letzten Kapitel dieses Buches eine Zusammenstellung und Erläuterung der wichtigsten Begriffe aus der Computertechnik.

Wir wünschen Ihnen viel Spaß und Erfolg beim Zusammenbau Ihres Computers. Dieses Buch soll Ihnen dabei eine echte Hilfe und Unterstützung bieten.

Ihr Alexander Herrmann | Ihr Michael Nürnberger

Technic3D proudly presents: Basti und Horst

Basti und Horst sind zwei Fantasiefiguren, die auf eine lockere, ungezwungene Art nicht nur dieses Buch, sondern auch die Internetpräsenz von Technic3D bereichern und so für viel Spaß und Unterhaltung in der sonst eher etwas trockeneren Materie der Computertechnik sorgen.

Horst, der Unwissende:

Eigentlich sieht er mit seiner Brille ja gar nicht so unintelligent aus, doch Computern steht er ganz und gar naiv und unbedarft gegenüber. Für die richtige Belüftung seines Computers öffnet das „Greenhorn" in Sachen PC gerne mal ein Fenster und USB hat er bislang eigentlich immer für einen Paketdienst gehalten. Da kann es leicht passieren, dass er den Wald vor lauter Bäumen, sorry, Kabeln nicht sieht.

Doch Horst will natürlich auch dazulernen. Und dabei steht ihm mit Rat und Tat sein Freund und Helfer von Technic3D zur Seite:

Basti, das schlaue Superhirn:

DER Profi und Insider in Sachen PC-Technik verstärkt das Team von Technic3D.
Immer wenn sein Rat und seine Meinung gebraucht werden, ist er zuverlässig und kompetent zur Stelle. Mit Witz und Charme, viel Geduld und einer gehörigen Portion Sachkenntnis löst er nicht nur Horsts fast nicht enden wollende PC-Probleme.
Auch für die Leser dieses Buches und die User von Technic3D hat er eine Menge Profi-Tipps parat.

Die Anschaffung eines Computers

Grundsatzentscheidungen beim Kauf eines Computers

Die Anschaffung eines neuen Computers ist immer etwas Besonderes, nicht zuletzt, da Computer unseren Alltag inzwischen spürbar prägen. So wundert es nicht, dass sich viele Nutzer nicht sicher sind, welchen Typ von Computer sie eigentlich benötigen. Für die einen ist der Computer (auch kurz und bündig als PC bezeichnet) ein alltägliches Arbeitsmittel im Büro und für die Schule, andere wiederum möchten ihn eher für verschiedene private Zwecke nutzen. Dabei stellen der Erwerb, der Aufbau und die Inbetriebnahme eines modernen PCs in all seinen erhältlichen Formen und Arten auch für Neueinsteiger kaum mehr eine Hürde dar.

Kein Wunder also, dass die Computertechnik bereits vor mehreren Jahren einen wahren Boom ausgelöst hat und heute vor kaum einem Anwendungsbereich Halt macht. Computertechnik findet sich nicht nur in Computern, Notebooks oder Tablets, sie kommt auch in Fahrzeugen, Telefonen, Fernsehern und sogar in besonders modernen Kühlschränken zum Einsatz. Dabei bringen teilweise selbst die mobilen Begleiter eine nicht unerhebliche Rechenleistung mit.

Für die meisten Anwender ist der „klassische" Computer der eigentliche Inbegriff der Computertechnologie. Er ist heute sowohl aus dem Büro als auch aus dem Privathaushalt nicht mehr wegzudenken, und seine Verbreitung erfuhr in den letzten Jahren ein erstaunliches Wachstum.

Neben der weiten Verbreitung sind aber auch die niedrigen Kosten für einen Computer ein magischer Anziehungspunkt für potentielle Kunden. Selten war die Anschaffung eines für die eigenen Ansprüche passenden Computers so einfach und vor allem auch so günstig. Der Grund für den starken Preisverfall der letzten Jahre liegt in einer immer effizienteren und kostengünstigeren Fertigung bei den Herstellern. Außerdem ermöglicht die weite

Verbreitung des Computers eine gewisse Massenproduktion und somit niedrigere Preise. Auch der im Laufe der Jahre deutlich angestiegene Wettbewerb zwischen den Herstellern hat zum heutigen Preisgefüge auf dem Computermarkt beigetragen.

Neben den nötigen finanziellen Mitteln erfordert die Anschaffung eines Computers auch bestimmte Grundsatzentscheidungen beim Nutzer. Diese beginnen bereits mit der Art des Erwerbs: Ihren Computer können Sie entweder selbst zusammenbauen oder fix und fertig „von der Stange“ (Fertig-PC) erwerben. Alternativ zu einem stationären Computer können Sie auch auf ein mobiles Gerät wie ein Tablet oder Notebook setzen. Sie sollten Sie sich jedoch genau überlegen, was Sie tatsächlich benötigen und wie und wofür Sie Ihren Computer einsetzen möchten, denn alle genannten Lösungen haben ihre Vor- und Nachteile.

Der für viele Nutzer sicherlich einfachste und unkomplizierteste Weg ist der Kauf eines Fertig-PCs, wie er von vielen Elektronikfachgeschäften und Discountern angeboten wird. Solche Fertig-PCs müssen weder schlecht noch teuer sein. In der Regel erwirbt man hier ein All-in-One-Paket, das von Haus aus viele gewünschte, jedoch unter Umständen auch nicht benötigte Eigenschaften bereitstellt. Besonders Menschen, die nicht die Zeit oder das Interesse haben, sich mit der zugrundeliegenden Technik des Computers zu befassen, können mit einem solchen Fertig-PC schnell und nach einer oft nur geringen Einarbeitungszeit die gewünschten Aufgaben problemlos mit den bereits mitgelieferten Programmen bewerkstelligen. Ein weiteres Argument stellt der meistens relativ niedrige Preis dar, der von den Herstellern zum Teil durch günstige, als Sonderanfertigung produzierte Hardware realisiert wird.

Solche individuellen Sonderanfertigungen machen allerdings die Aufrüstung und Erweiterung eines Fertig-PCs für den Nutzer teilweise sehr schwierig. Ein typisches Beispiel für diese Problematik ist die nachträgliche Montage eines leiseren und leistungsstärkeren CPU-Kühlers. Hier kommt es immer wieder vor, dass bei Fertig-PCs der Umbau plötzlich nicht möglich ist, da auf dem individuell für den Anbieter produzierten Mainboard aus Kostengründen auf die standardmäßigen Montagelöcher zur Installation eines Kühlers verzichtet wurde.

Ein weiterer Nachteil bei einem Fertig-PC ist, dass der Nutzer keine Kenntnis über den genauen Aufbau des eigenen Computers erlangen kann: Wie der Name schon sagt, ist ein Fertig-PC beim Kauf bereits fertig montiert. In den meisten Fällen müssen nach dem Aufstellen des Computers lediglich die Maus, die Tastatur und der Monitor angeschlossen werden. Wenn Sie also mehr über Ihren Computer und die Technik, die ihm zugrunde liegt, erfahren möchten, stellt das Planen und anschließende Selbst-Zusammenbauen Ihres Computers den besten und einfachsten Weg dar.

Ihren Computer selbst zu planen und zusammenzubauen, bringt natürlich auch noch andere Vorteile mit sich. So können Sie Ihren Computer ideal auf Ihre eigenen Wünsche und Anforderungen hin planen und konzipieren. Auch der Preis kann unter dem eines etwa gleich starken Fertig-PCs liegen. Das Beste daran ist jedoch, dass Sie den eigenhändigen Aufbau Ihres Computers mit nur wenig Aufwand relativ einfach bewerkstelligen können.

Und dank verschiedener Wissensquellen erhalten Sie auch auf Fragen rund um den Auf- und Zusammenbau Ihres Computers schnell und zuverlässig Antwort – sei es aus Internetforen und -portalen wie **Technic3D** (www.technic3d.com), aus Zeitschriften und Büchern oder durch Mitarbeiter in Fachgeschäften oder Online-Shops.

Die nachfolgende Checkliste soll Ihnen als Entscheidungshilfe hinsichtlich der für Sie optimalen Vorgehensweise dienen. Mit wenigen einfachen Fragen können Sie für sich selbst schnell und mit wenig Aufwand feststellen, ob Sie Ihren PC selbst zusammenbauen oder lieber einen Fertig-PC kaufen sollten.

Wenn Sie sich nach der Beantwortung der Checkliste dafür entscheiden, Ihren Computer selbst zusammenzubauen, werden Sie darin sicherlich ein neues Hobby finden. Es wird Ihnen vor allem Spaß machen, die frisch erworbenen Kenntnisse umzusetzen und anschließend den Erfolg zu begutachten. Nebenbei können Sie später auch zu anderen Kühlungsmöglichkeiten greifen, wie beispielweise zu einer Wasserkühlung, die im Zusammenhang mit optischen Raffinessen in den Bereich Modding hineinreicht und unzählige Bastelmöglichkeiten am Computer bietet.

CHECKLISTE:
PC fertig kaufen oder selbst zusammenbauen?

Der Fertig-PC von der Stange ist optimal für mich,

[ ] weil ich einfach keine Zeit habe, um mir meinen Computer selbst zusammenzubauen. Daher setze ich lieber auf fertige Computer.

[ ] weil ich mir den Zusammenbau meines Computers trotz Tipps und Anleitungen nicht zutraue.

[ ] weil ich zuerst mit einem Fertig-PC Erfahrungen sammeln und später vielleicht einmal einen Computer selbst zusammenbauen möchte.

Der selbst zusammengebaute Computer ist optimal für mich,

[ ] weil ich gerne neue Projekte in Angriff nehme.

[ ] weil ich einen Computer ganz nach meinen eigenen Wünschen planen, aufbauen und nutzen möchte.

[ ] weil ich verstehen möchte, was in meinem Computer steckt und wie er funktioniert.

[ ] weil ich die maximale Leistung aus meinem Computer herausholen möchte.

[ ] weil ich so leichter entscheiden kann, was ich in welcher Reihenfolge aufrüsten oder anpassen möchte.

Welche Computertypen gibt es?

Neben dem klassischen stationären Computer auf dem heimischen Schreibtisch oder im Büro geht die Entwicklung heute immer mehr auch zu mobilen Computern.
Die verschiedenen Computertypen stellen wir Ihnen nachfolgend etwas näher vor, auch um Ihnen eine Entscheidungshilfe bei der Anschaffung eines Computers zu geben.

✓ Der Desktop-PC

Der „klassische“ stationäre Computer (Desktop-PC) findet sich in vielen Haushalten und praktisch jedem Büro wieder und ist in einer fast unzählbaren Vielfalt verfügbar. Alle Varianten haben jedoch eines gemeinsam: ein zu öffnendes Gehäuse, in dem die Hardware verbaut ist. Meistens ist ein Desktop-PC unter oder auf dem Schreibtisch platziert und mit mindestens einem Monitor sowie einer Tastatur und einer Maus verbunden.

Ein Großteil der modernen Desktop-PCs ist in einem sogenannten Tower-Gehäuse untergebracht, das aufrecht steht und in der Front beziehungsweise im Deckel alle wichtigen Schnittstellen bietet. Je nach ihrem beabsichtigten Einsatzzweck unterscheiden sich die Gehäuse zum Teil stark, von schlicht und zurückhaltend bis beleuchtet und auffällig.

Am Desktop-PC können Sie in der Regel problemlos selbst Hand anlegen und Änderungen durchführen, sei es der Einbau einer leistungsfähigeren Grafikkarte oder der Ausbau des Arbeitsspeichers. Viele Änderungen können zudem mit nur wenigen Handgriffen vollzogen werden, da die Komponenten leicht zusammengesteckt (und gegebenenfalls geschraubt) und wieder voneinander getrennt werden können.

Ein Vorteil des Desktop-PCs stellt das breite Leistungsspektrum dar, das bei entsprechender Hardwareausstattung selbst für modernste Spiele und Anwendungen ausreicht. Allerdings sind die meisten Desktop-PCs nicht mobil nutzbar und durch schwere Kühler und Gehäuse sowie die verbaute Hardware oft nur mit Mühe zu transportieren.

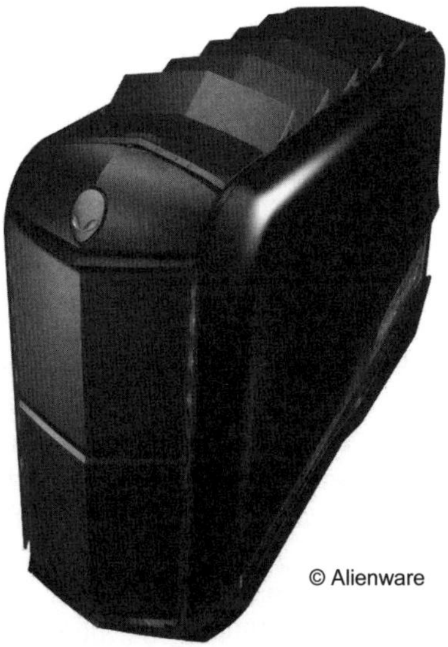

Desktop PC

Der Desktop-PC kann quasi alle Schnittstellen bieten, wenn diese bereits auf dem Mainboard oder in Form einer optionalen Erweiterungskarte miteingebunden sind. Gleiches gilt auch für den Multimedia-PC, den wir Ihnen nun vorstellen.

✓ **Der Multimedia-PC** (HTPC)

Da der klassische Desktop-PC im Wohnzimmer meistens eine eher bescheidene Figur abgibt, hat sich im Laufe der Zeit der Multimedia-PC (HTPC) seinen Platz in den privaten Haushalten gesichert. Die Bauform dieser Computer erinnert an die Ursprünge der modernen Computertechnik, da sie in liegenden und zumeist recht kompakten Gehäusen untergebracht sind. Doch anders als damals sind die Gehäuse von Multimedia-PCs heute nicht mehr bieder und grau, sondern glänzen durch hochwertige Materialien, edle Farbgebungen und besonders in der Front durch sehr gefällige Formen.

Die Steuerung eines Multimedia-PCs ist auf verschiedene Art möglich. Besonders beliebt sind kabellose Tastaturen und Mäuse sowie Fernbedienungen. In der Front finden sich oftmals kleine Displays, die je nach Typ Auskunft über den aktuellen Status geben. Bekannt sind solche Anzeigen bereits seit längerem von Geräten wie zum Beispiel DVD-Playern. Daher wundert es auch nicht, dass viele Multimedia-PCs in ihrem Aufbau und ihrer Optik kaum mehr von anderen Multimediageräten im Wohnzimmerschrank zu unterscheiden sind.

HTPCs sind normalerweise für den leisen Betrieb ausgelegt und bieten eine für Multimediazwecke ausreichende Leistung. Aufwändige Anwendungen und Spiele sind jedoch nur bedingt sinnvoll und brauchen neben leistungsstarker Hardware auch eine ausreichende Kühlung, was meistens voluminösere Gehäuse notwendig macht. Es gibt auch außergewöhnlich kleine Multimedia-PCs, die aufgrund ihrer sehr geringen Leistung zum Teil nicht einmal mehr eine aktive Kühlung benötigen.

✓ **Der Server** (Host)

Mit Servern kommen die meisten Nutzer in der Regel nicht direkt in Kontakt, und doch sind diese allgegenwärtig im Internet vertreten. Fast alle Internetseiten sind auf Servern hinterlegt, um weltweit unter einer IP- oder Webadresse aufgerufen werden zu können.

Server sind meistens in einem 19-Zoll-Rack-Gehäuse untergebracht, das in der Regel in speziellen Serverschränken aufgebaut ist.

Im Inneren eines Servers finden sich üblicherweise sehr leistungsstarke Prozessoren (je nach Server auch mehrere Prozessoren), ein möglichst großer Arbeitsspeicher sowie eine sehr hohe Speicherkapazität. Zusätzliche Erweiterungskarten wie Grafikkarten, Soundkarten und Ähnliches findet man in einem Server normalerweise nicht, da ein Server lediglich für die schnelle Bereitstellung von Daten und nicht für das Spielen gedacht ist. Die in Servern verbauten Festplatten sind zur Sicherheit und zur Erhöhung der Geschwindigkeit zudem per RAID miteinander verbunden.

Neben der Verwaltung von Internetseiten stellen viele Server auch andere Dienste wie E-Mail zur Verfügung. Auch kommen sie als Software-Server für Spiele und Kommunikationsanwendungen zum Einsatz.

Eine Besonderheit von Servern ist zudem, dass sie in vielen Fällen während des Betriebs nicht mit einem Bildschirm gekoppelt sind. Ein Monitor wird meistens nur aktiviert oder angeschlossen, wenn ein Techniker in einem Rechenzentrum den Status des Servers prüfen oder Änderungen vornehmen möchte.

✓ **Das Notebook** (Subnotebook, Netbook, Laptop)

Wer seinen Computer gerne an verschiedenen Orten in den heimischen vier Wänden, unterwegs oder gar im Urlaub nutzen möchte, für den stellt das Notebook eine ideale Lösung dar. Ein Notebook, je nach Größe auch als Subnotebook oder Netbook bezeichnet, ist ein kompakter und mobiler Alleskönner, wenn die Ausstattung des Notebooks dies zulässt. In der Realität unterscheiden sich Notebooks zumindest in ihrer Leistung genauso voneinander wie die klassischen Computer.

Einer der größten Vorteile eines Notebooks ist sicherlich die Mobilität. Mit kaum einem anderen Gerät kann man ortsunabhängig mit einem Computer arbeiten oder gar spielen, ohne den mobilen Begleiter zwingend mit einer Steckdose verbinden zu müssen. Besonders stromsparende Notebooks können heutzutage über zehn Stunden verwendet werden, bevor die in den Geräten enthaltenen Akkus aufgeladen werden müssen. Möglich machen dies äußerst sparsame Prozessoren wie zum Beispiel der Intel Atom und der Einsatz von Akkus mit mehreren Zellen. Der Nachteil dieser meistens sehr leichten Notebooks ist jedoch eine oftmals nur geringe Leistung im Vergleich zum stationären Computer. Doch auch für Spiele und aufwändige Anwendungen sind Notebooks erhältlich. Diese Modelle besitzen in der Regel ein deutlich höheres Gewicht sowie entsprechend leistungsstarke Komponenten, die in ihrer Leistung zum Teil denen in einem Desktop-PC ebenbürtig sind und somit auch besonders aufmerksam gekühlt werden sollten.

Um auch unterwegs alle Freiheiten genießen zu können, ist in beinahe allen Notebook-Modellen über dem Display eine Webcam eingebaut.

© Asus

Notebook

Mit der immer weiter fortschreitenden Entwicklung bei der Hard- und Software optimieren die Hersteller bereits seit Jahren speziell bei den Notebooks die Balance zwischen Leistung und Laufzeit. Seit geraumer Zeit finden sich in manchen Notebooks bereits Techniken zur Deaktivierung von nicht benötigten Komponenten wie dem WLAN-, Bluetooth- oder gar dem Grafikchip. Besonders bei der zuletzt genannten Komponente können Notebooks zum Teil enorm viel Energie einsparen, bei Bedarf jedoch mit einer hohen Leistung überzeugen. Auf dem Markt finden sich verschiedene Techniken, um einen solchen Wechsel zwischen der im Prozessor integrierten Grafikeinheit und einem separaten Grafikchip zu gewährleisten. Zwei bekannte Technologien kommen von den Herstellern NVIDIA (Optimus Technologie) und AMD (Dynamic Switchable Graphics). Separat in Notebooks verbaute Grafikchips bieten in der Regel eine deutliche Mehrleistung und zudem eine breiter gefächerte Unterstützung für Technologien wie zum Beispiel DirectX, PhysX oder Tessellation.

Als Schnittstellen weisen moderne Notebooks normalerweise mehrere USB-Anschlüsse und eine Vielzahl anderer Ports (HDMI, VGA, LAN und ähnliche) auf. Intern verbaut sind bei vielen Modellen ein WLAN- und auch ein Bluetooth-Modul.

Manche Notebooks erlauben dem Nutzer zudem, mit wenigen Handgriffen Einfluss auf die verbaute Hardware zu nehmen. Spezielle Klappen im Boden ermöglichen je nach Modell einen Zugriff auf den Arbeitsspeicher oder die Festplatte.

✓ Der Tablet-PC

Ein Tablet ist eine der neueren Errungenschaften der Computerentwicklung, wobei es diverse Wünsche und Anforderungen erfüllt, denen weder ein klassischer Computer noch ein Notebook nachkommen können.

© Asus

Tablet-PC

Moderne Tablet-Modelle sind in verschiedenen Größen erhältlich und weisen eine nur geringe Dicke auf. Die Breite und Höhe ist in der Regel abhängig von dem in der Front eingelassenen berührungsempfindlichen Bildschirm (Touchscreen, siehe auch ab Seite 115). Bei den meisten Tablets misst der Touchscreen 7 bis 12 Zoll in der Diagonale. Konnte ein solches Tablet vor nicht allzu langer Zeit nur einen Stift oder einen Finger erkennen, kann heute bei vielen Modellen mit bis zu zehn Fingern auf dem Touchscreen gearbeitet werden.

Ähnlich wie bei den besonders sparsamen Notebooks finden sich in einem Tablet keine Komponenten, die eine sehr gute Leistung aufweisen oder gar eine besonders gute Kühlung benötigen. Doch für Anwendungen mit einem solchen Leistungsbedarf sind die Tablets ohnehin nicht konzipiert. Stattdessen kommen sie eher beim Surfen und Lernen zum Einsatz oder um Multimedia-Inhalte wiederzugeben.

Als Schnittstellen beinhalten Tablets neben dem obligatorischen (Mini-)USB-Anschluss ein Bluetooth-, WLAN- und oftmals auch ein Mobilfunk-Modul.

✓ Das Smartphone

Ein Smartphone ist in seinen Grundzügen eigentlich nichts anderes als ein normales Handy. Doch anders als bei seinen Vorfahren steckt im Smartphone eine ganze Menge an Computertechnik, wodurch es neben einer äußerst hohen Konnektivität zu anderen Computersystemen über zum Beispiel Bluetooth oder WLAN auch einiges an Rechenleistung aufweisen kann. Es ist also eher ein vergleichsweise sehr kleiner Computer als „nur“ ein Handy.

Mit einem Smartphone können Sie also nicht nur telefonieren, es ermöglicht auch ein mehr oder weniger komfortables Surfen im Internet und weist einen meistens recht großen Datenspeicher sowie diverse Funktionen auf, die man ansonsten eher einem normalen Computer zuschreiben würde. Selbst relativ aufwändig gestaltete Spiele sind inzwischen für Smartphones erhältlich, wodurch dieses teilweise beinahe zu einer Spiele-Konsole wird.

© Acer

Smartphone

Besitzt das Smartphone einen GPS-Chip, kann es je nach Modell mit wenigen Klicks auch zur Navigation verwendet werden.

Wie Tablet-PCs besitzen moderne Smartphones ebenfalls einen Touchscreen, um alle Eingaben bequem mit einem oder mehreren Fingern zu tätigen. Durch den Einsatz einer integrierten Webcam sind zudem Videotelefonate recht einfach zu führen.

✓ Der Supercomputer

Es gibt Computertypen, mit denen man normalerweise niemals in direkten Kontakt kommt, doch auch diese haben ihre Daseinsberechtigung. Ein besonderes Beispiel sind die sogenannten Supercomputer, die auf der ganzen Welt verteilt extrem aufwändige Berechnungen durchführen. Diese Systeme haben (auch aufgrund ihrer zahlenmäßig geringen Anzahl) eigene Namen und beherbergen zum Teil Hunderte von Prozessoren.

Supercomputer findet man beispielsweise in der Weltraumforschung, um Berechnungen und Simulationen durchzuführen, die mit normalen Computern auch auf lange Sicht nicht erledigt werden könnten.

Viele moderne Supercomputer sind sogenannte Skalarrechner, in denen Tausende von Prozessoren in einem Cluster miteinander vernetzt sind. Supercomputer sind auf der Welt extrem rar gesät. Ein prominenter Supercomputer ist zum Beispiel der Cray XT5 mit immerhin rund 37.500 AMD Prozessoren, von denen jeder sechs Kerne besitzt. Noch mehr Prozessoren weist der SGI-Altix der Weltraumbehörde NASA auf: satte 51.200 Intel XEON Prozessoren mit jeweils vier Kernen.

Fast jedes Jahr erweitern die Anbieter die Supercomputer oder erschaffen neue Systeme, welche die ohnehin bereits brachiale Leistung ihrer Vorgänger übertreffen sollen.

Die Grundlagen der PC-Technik

Die Entwicklungsgeschichte der Computertechnik

Der Ursprung der modernen und uns mehr oder weniger aus dem Alltag bekannten Computertechnik liegt bereits lange zurück und hat selbst auf den zweiten oder gar dritten Blick kaum etwas mit der heutigen Umsetzung der Technik gemeinsam. Nichtsdestotrotz würde es den Computer, das Notebook oder auch das mittlerweile überall anzutreffende Smartphone heute nicht geben, wenn nicht vor langer Zeit bereits die entscheidenden Schritte und Erfindungen bei der Entwicklung von Rechenmaschinen erfolgt wären.

Die ersten Ansätze auf dem Weg zum Computer wurden bereits in den dreißiger Jahren des 20. Jahrhunderts geschaffen, wobei der deutsche Erfinder Konrad Ernst Otto Zuse mit seiner 1937 fertiggestellten Rechenmaschine Zuse 1 (auch kurz als Z1 bezeichnet) den Grundstein für einen wahren Dominoeffekt legte. Natürlich war dies noch kein Computer im eigentlichen Sinne, doch die Rechenmaschine konnte erstmals mit binären Zahlen umgehen und stellte für ihre Zeit eine wahre Revolution dar. Es dauerte nicht lange, bis ihr weitere Modelle folgten, die neben einem deutlich komplexeren Aufbau auch eine höhere Leistung und mehr Zuverlässigkeit boten. Den nächsten Meilenstein setzte die Zuse 3 (Z3), welche die erste durch Lochstreifen programmierbare Rechenmaschine mit Speicheranbindung war. Dank dieser völlig neuartigen Verknüpfung von Leistungsmerkmalen ging die Z3 auch als der erste Computer der Welt in die Geschichtsbücher ein – immerhin bereits im Jahr 1941 und somit nur vier Jahre nach Fertigstellung der Z1.

Mehrere Jahrzehnte später können selbst die einfachsten Computersysteme um ein Vielfaches mehr leisten. Dabei sind nicht nur die Anforderungen aus dem wissenschaftlichen Bereich ein Motor für die Entwicklung der Technik, auch die Wünsche der wohl weltweit größten Zielgruppe der „normalen“ Nutzer sorgen für eine immer kürzere und rasantere Weiterentwicklung der PC-Technik.

So wundert es nicht, dass wir heute von Megaflops und Terabytes sprechen und nicht mehr von Lochstreifen und Bits.

Das Resultat dieser Entwicklung ist eine derart starke Verbreitung der Computertechnik, dass viele Menschen die zugrundeliegende komplexe Technik kaum mehr als solche wahrnehmen. Es erscheint einem schlichtweg als normal, und man macht sich im Alltag oftmals kaum mehr Gedanken darüber.

Doch nun langsam und der Reihe nach, denn zwischen den anfänglichen Rechenmaschinen und den aktuellen Entwicklungen von heute liegen noch einige weitere Meilensteine in der PC-Technik.

Zwischen der Entwicklung der bereits angesprochenen Zuse 3 und dem ersten Seriencomputer vergingen noch einige Jahre. Wurden zwischenzeitlich verschiedene Konzepte vorgestellt und umgesetzt, war es der deutsche Hersteller Siemens, der im Jahr 1959 die erste Serienfertigung eines auf Transistoren basierenden Computers mit der Bezeichnung Siemens 2002 startete. Die Leistung dieses Computers war bereits beeindruckend hoch für seine Zeit, doch wirklich alltagstauglich war er noch nicht, denn statt auf oder unter dem Schreibtisch Platz zu finden, nahm der Siemens 2002 das halbe Zimmer in Beschlag. Dies sollte sich jedoch bald ändern, da bereits im Jahr 1963 der weltweit erste Tischrechner mit dem kurzen Namen EC-130 des US-amerikanischen Herstellers Friden Inc. erschien.

Der noch heute weltweit bekannte Hersteller Intel war es dann schließlich, der im Jahr 1971 den ersten Mikroprozessor in Serie fertigte und somit das letzte entscheidende Puzzleteil für die Entwicklung kleiner und leistungsstarker Computer schuf. Von diesem Augenblick an war die konsequente Weiterentwicklung der Computertechnik nicht mehr aufzuhalten. Im Laufe der achtziger Jahre wurde der Computer auch für die breite Masse interessant und nach und nach auch für viele Kunden finanzierbar.

Einer der wohl größten Coups in der jüngeren Geschichte dürfte die Einführung der x86-Prozessoren von Intel im Jahr 1982 gewesen sein. Diese neuen Prozessoren bildeten die Grundlage für eine rasante technologische Entwicklung, welche die Computertechnik geprägt hat und bis heute noch prägt. Nach dem 286er Prozessor kamen in recht kurzen Abständen die Nachfolgemodelle auf den Markt: der 386er und der bereits nach kurzer Zeit in vielen Haushalten anzutreffende und zu seiner Zeit äußerst leistungsstarke 486er. Anschließend präsentierte Intel bereits den ersten Pentium – eine Marke, die selbst heute noch auf dem Markt zu finden ist und mehrere Computer-Generationen entscheidend geprägt hat.

Neben Intel haben sich im Laufe der letzten drei Jahrzehnte auch andere Hersteller durch innovative und wegweisende Erfindungen in die Geschichtsbücher eingetragen, wobei manche dieser Hersteller wie zum Beispiel Intel auch heute noch auf dem Markt anzutreffen sind. AMD und NVIDIA dürften speziell im Consumer-Segment besonders bekannt sein. Doch auch nicht mehr existierende Hersteller wie die berühmte und fast schon zum Kultstatus mutierte Grafikkartenschmiede 3DFX haben auf dem Weg zum heutigen Computer ihre Spuren erfolgreich hinterlassen.

Neben den Prozessoren wurden im Laufe der letzten Jahre natürlich auch andere Bereiche vorangetrieben. Speziell die Chipsatztechnologie inklusive verschiedener Funktionen zur Übertragung von Daten kann dabei immens große Entwicklungssprünge aufweisen.

Auch bei den Grafikkarten machte der technologische Fortschritt nicht Halt und kann inzwischen mit drastisch kürzer werdenden Entwicklungszyklen beeindrucken. So werden etwa ein- bis zweimal im Jahr Neuentwicklungen vorgestellt, um die Konkurrenz vor allem hinsichtlich der Geschwindigkeit zu übertrumpfen. Die Geschwindigkeit, der Leistungsumfang und auch die Möglichkeit der visuellen Darstellung an einem oder gar mehreren Monitoren waren noch vor einigen Jahren kaum vorstellbar.

Jedoch sollte man gerade im Bereich der Grafikkarten die Effizienz nicht außer Acht lassen, die es auf einem angemessenen Niveau zu halten gilt. Denn trotz kleinerer Chipfertigung im Bereich von mittlerweile 28 nm sind im High-End Segment immer noch Leistungsaufnahmen jenseits der 200 Watt Grenze üblich. Hier sind auch zukünftig die Entwickler gefragt, den Stromhunger ungeachtet der Leistungssteigerungen zu bändigen.

Die Einsatzmöglichkeiten der modernen Computertechnik

Wie wir vorne bereits erwähnten, hat die Computertechnik in sehr vielen Bereichen in unserem Alltag Einzug gehalten, wobei nicht immer sofort ersichtlich ist, dass sich hinter dem Monitor, der Anzeigetafel oder auch dem scheinbar „normalen" Telefon einiges an High-End-Technik versteckt. Betrachtet man sich die Welt jedoch etwas genauer, findet man Computertechnik selbst dort, wo man sie überhaupt nicht vermutet hätte. Die PC-Technik ist buchstäblich fast überall anzutreffen.

Für fast alle erdenklichen Einsatzzwecke wird inzwischen ein Computer oder entsprechende Computertechnik verwendet. Das extrem vielseitige Spektrum reicht vom schlichten Surfen im Internet bis hin zur Nutzung der Computertechnik in Bereichen wie Mathematik, Naturwissenschaft und Astronomie. Dabei stehen viele dieser Funktionen nicht nur lokal, d.h. ortsgebunden an einem klassischen Computer zur Verfügung, auch mobil ist es heute beinahe Standard, dass quasi alle benötigten Informationen mit Hilfe eines Notebooks, Tablets oder Smartphones ad hoc abgerufen werden können.

Am häufigsten werden Computer heutzutage bei der Arbeit und im privaten Gebrauch verwendet. Ein Großteil der weltweit zur Verfügung stehenden Rechenleistung kommt dabei beim Surfen im Internet, beim Schreiben von E-Mails, bei der Bearbeitung von Dokumenten und natürlich auch beim Spielen zum Einsatz. Auch der Anteil der multimedialen Nutzung der Computertechnik in Form von Videos oder Musik steigt kontinuierlich an, was sich an einem Beispiel veranschaulichen lässt: Vor nicht allzu langer Zeit wurden Fernsehsendungen und Filme noch auf einer herkömmlichen Videokassette aufgenommen. Heute jedoch speichern wir in der Regel Fernsehsendungen und Filme auf Festplatten, USB-Laufwerken, DVDs oder Blu-rays ab. Um dies zu ermöglichen, ist in modernen Geräten eine Menge Computertechnik enthalten.

Auch regelt die Computertechnik viele Grundbedürfnisse der Menschen. Aufgrund der immer weiter steigenden Anforderungen kommen in fast allen Bereichen des öffentlichen Lebens teilweise oder vollständig automatisierte Programme zum Einsatz, wodurch der Aufwand für den Menschen deutlich gesunken ist. Verschiedene Automatisierungs- und Leitsysteme sind beispielsweise dafür verantwortlich, dass die Wasserversorgung in einer Stadt gewährleistet werden kann. Doch damit diese Systeme problemlos funktionieren, müssen sie auf einem sehr leistungsstarken und oftmals in einem Rechenverbund stehenden Computer ausgeführt und natürlich auch überwacht werden. Sie sehen also, dass ohne die moderne Computertechnik vieles von dem, was heute für uns alltäglich und selbstverständlich ist, kaum realisierbar wäre.

Auch in Behörden und Firmen sind heute fast alle Arbeitsplätze mit Computern ausgestattet. Vorbei sind die Zeiten, in denen Mitarbeiter jede Kleinigkeit handschriftlich oder mit Hilfe einer Schreibmaschine festhalten mussten. Selbst an ungewöhnlichen Orten wie auf einem Staplerfahrzeug in einem Logistikcenter oder an der Kasse eines Supermarktes kommt heute die Computertechnik zum Einsatz. Selbst beim Versand eines ganz normalen Paketes erfolgt die Bearbeitung der Sendung zu großen Teilen automatisch durch verschiedene Computersysteme. Dies fängt beim Scannen eines Pakets an und endet bei der zum Teil automatisierten Verteilung, damit das Paket auch genau dort ankommt, wo es hin soll.

Im privaten Bereich kommt ein Computer in der Regel jedoch bei deutlich einfacheren Anwendungen zum Einsatz, wobei der Computer auch in den eigenen vier Wänden immer mehr in den Mittelpunkt rückt. Wussten Sie zum Beispiel, dass es dank WLAN- und Funktechnik bereits heute mit nur wenig Aufwand möglich ist, die Beleuchtung und verschiedene andere grundlegende Funktionen im Haushalt zu steuern und diese selbst von unterwegs aus zu überprüfen? Bereits in wenigen Jahren dürften in so manchen Wohnungen auch vernetzte Kühlschränke und „mitdenkende“ Fernseher zum Standardrepertoire gehören. Die Steuerung solcher Geräte ist nicht mehr nur mit einer Maus, Fernbedienung oder Tastatur möglich, auch die Steuerung durch Sprache, Gesten und Berührungen (Touch) wird die seit Jahrzehnten gängigen Nutzungsarten revolutionieren.

Die Nutzung der Computertechnik im Alltag

Neben den sich immer weiter verbreitenden Einsatzmöglichkeiten des Computers ist auch seine Nutzung inzwischen erstaunlich einfach geworden. Anders als noch vor rund einem Jahrzehnt hat sich bei der Gestaltung und Bedienung einiges getan, was inzwischen eine fast schon kinderleichte Verwendung der verschiedenen Geräte zur Folge hat. War die Nutzung des Computers vor geraumer Zeit noch den Profis vorbehalten, kann dies dank der meist intuitiv bedienbaren, verständlichen und großen Symbole und Schaltflächen heute eigentlich jeder, der sich nur ein wenig mit der Materie befasst hat.

Trotz der beachtlichen Fortschritte bei der Bedienung von Computern zögern manche Menschen bei der Anschaffung und beim Einsatz eines Computers, weil sie eine Menge von Fragen und Zweifel hinsichtlich seiner Einrichtung und Bedienung haben. Solche Berührungsängste finden sich in beinahe allen Altersgruppen. Vielen ist es gar nicht bewusst, dass es nur wenig Zeit in Anspruch nimmt, um bereits die ersten erfolgreichen Schritte in der Computerwelt zu meistern. Wenn die anfängliche Angst vor der Technik und deren Nutzung verflogen ist, siegt meistens auch das Interesse an dem Neuen und dem bis dahin für Neueinsteiger eher unbekannten Fachgebiet. Fragen Sie daher ruhig Bekannte über ihre Erfahrungen mit Computern, Freunde mit guten PC-Kenntnissen oder auch Service-Mitarbeiter aus der Computerbranche (zum Beispiel von Händlern oder Herstellern).

Die Nutzung selbst gestaltet sich je nach Typ des Computers recht einfach. Bei klassischen Computern werden alle Eingaben mit Hilfe der Tastatur und der Maus vorgenommen. Manche Computer wie auch die modernen Tablets und Smartphones lassen jedoch (zum Teil parallel dazu) eine Steuerung durch die Berührung des Bildschirms selbst zu. Der Vorteil liegt hier natürlich in einer noch intuitiveren Nutzung, wobei jedoch ein pixelgenaues Arbeiten in einem solchen Fall nicht möglich ist.

Aktuelle Betriebssysteme und Programme können den Nutzer oftmals durch Hinweise, große Eingabefelder sowie eine sehr gute Übersichtlichkeit begeistern. Wenn Sie ein Programm relativ sicher bedienen können, stellen andere Programme meistens auch keine Hürde mehr da. Dies liegt daran, dass die Hersteller von Software stark auf eine problemlose Benutzerführung achten und sich somit viele Programme zumindest im Grundaufbau sehr ähneln. Und wenn tatsächlich einmal ein Fehler oder ein Problem auftritt, werden dem Nutzer in vielen Fällen einfach nachvollziehbare Lösungsvorschläge angeboten.

Ein weiterer Vorteil dieser stark auf den Nutzer ausgelegten Benutzerführung ist die plattformübergreifende Verwendung. Nicht nur die Nutzung eines Computers oder Notebooks, auch die Bedienung eines Smartphones, Tablets oder sogar anderer elektronischer Geräte mit integrierter Computertechnik stellt in der Regel ein Kinderspiel dar, wenn man mit einem der Geräte bereits erste Erfahrungen gesammelt hat.

Der erste Schritt in die Welt der Computertechnik sollte also für die meisten Neueinsteiger unter Ihnen nicht etwa unmöglich, sondern eher leicht zu bewerkstelligen sein. Dabei eröffnen sich dem Nutzer viele Vorteile, die den Alltag in verschiedenen Bereichen deutlich vereinfachen.

Und schließlich gibt es zu fast allen Problemen und Fragen zur Nutzung des Computers oftmals auch einfache Antworten und Lösungen. Also nichts wie hereinspaziert in die wundervolle Welt der Computertechnik!

Bastis Profi-Tipp:

Wenn Sie Problemen oder Fragen zur Nutzung oder zum Aufbau eines Computers haben, finden Sie auf unserer Internetseite **Technic3D** (www.technic3d.com) ein einfach zu benutzendes Forum, in dem gerne mit Tipps und Tricks weitergeholfen wird.

Der Aufbau eines Computers im Überblick

Die wichtigsten Komponenten eines Computers

Jeder Typ von Computer besteht aus einer Basis und verschiedenen Komponenten, die daran angeschlossen sind. Diese „harten“, greif- und tastbaren Komponenten werden als Hardware bezeichnet. Demgegenüber fallen alle Programme, die dem Computer sagen, was er zu tun hat, unter den Begriff Software. Im Laufe der Zeit haben sich die Anzahl und die Größe der Hardware-Komponenten deutlich verringert. Anders als die Computer aus der Anfangszeit füllen diese heute nicht mehr ganze Zimmer aus. Im krassen Gegensatz dazu passen sie meistens problemlos auf oder unter einen Schreibtisch.
Je nach Aufbau unterscheiden sich Computer auch noch heute nicht nur in der Leistung, der Kühlung oder der Lautstärke, auch die Größe kann sich beträchtlich unterscheiden. Manche Computer sind kaum größer sind als ein kompakter Multimedia-Player im Wohnzimmer. Demgegenüber gibt es Modelle, die aufgrund ihrer Höhe kaum mehr Platz unter einem Schreibtisch finden. Doch in allen Belangen entscheidet der Nutzer selbst, wie sein Computer nach der Fertigstellung aussehen soll – wenn er den Computer selbst zusammenstellt und gegebenenfalls auch selbst zusammenbaut.
Grundsätzlich lohnt es sich also, wenn man sich etwas mit dem Innenleben des eigenen Computers auskennt und weiß, wo welche Komponente ihren Platz findet. Mit ein wenig Fachwissen können Sie viele Probleme vermeiden, Kosten beim Kauf sparen und oft unnötige und teure Reparaturen vermeiden.

Doch was steckt nun überhaupt drin im eigenen Computer? Was auf den ersten Blick vielleicht noch unübersichtlich wirkt, ist bereits nach kurzer Zeit relativ einfach zu verstehen. Wie oben bereits gesagt, besteht ein moderner Computer heutzutage aus deutlich weniger einzelnen Komponenten, als dies noch vor ein paar Jahren der Fall war. So manche Hardware muss heute nicht mehr zusätzlich eingebaut werden, da ihre Funktionalität bereits durch eine andere Komponente abgedeckt wird.

Nachfolgend geben wir Ihnen einen kurzen Überblick über die wichtigsten internen und externen Komponenten eines Computers. In den darauffolgenden Kapiteln werden wir diese Komponenten detailliert mit all ihren Vor- und Nachteilen vorstellen.

© Asus, Technic3D

Das Mainboard
Die Basis eines jeden Computers. Hier werden die anderen Hardware-Komponenten angeschlossen (eine ausführliche Beschreibung finden Sie ab Seite 60).

© Intel

Der Prozessor
Das Mastermind im Computer, zuständig für alle Arten von Berechnungen. Ohne ihn geht nichts. Manche Modelle sind zudem dank einer integrierten Grafikeinheit kleine Alleskönner (siehe auch ab Seite 68).

© Asus, Technic3D

Die Grafikkarte
Sorgt für die visuelle Darstellung auf dem Monitor und kann auch auf dem Mainboard oder im Prozessor von Haus aus verbaut sein. Vielfältig erhältlich: schnell, normal oder eher leistungsarm (siehe auch ab Seite 75).

Das Speichermedium (Festplatte, SSD)
Hier finden alle Daten ihren Platz, wobei sich diese Laufwerke in ihrer Größe, Geschwindigkeit, Lautstärke und damit natürlich auch im Preis stark unterscheiden (siehe auch ab Seite 87).

© Western Digital

© G.Skill, Technic3D

Der Arbeitsspeicher
Das Kurzzeitgedächtnis. Stellt sicher, dass der Computer während des Betriebs schnell auf Daten Zugriff hat (siehe auch ab Seite 83).

© LG

Das Laufwerk
Klassische DVD- und Blu-ray-Laufwerke für die Nutzung entsprechender Medien im Computer. Doch auch USB-Laufwerke fallen unter diese Rubrik (siehe auch ab Seite 95).

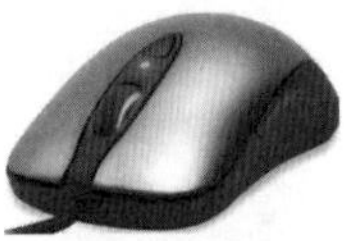

© SteelSeries

Die Maus
Ebenfalls ein typisches Eingabegerät, das mit oder ohne Kabel erhältlich ist (siehe auch ab Seite 110).

© SteelSeries

Das Mauspad
Für eine genaue Steuerung der Maus notwendig. In verschiedenen Größen und Materialien erhältlich (siehe auch ab Seite 111).

© SteelSeries

Die Tastatur
Unverzichtbares Eingabegerät, das kabelgebunden und kabellos erhältlich ist. In manchen Systemen auch als virtuelle Tastatur enthalten (siehe auch ab Seite 113).

Das Gehäuse
Beherbergt alle Komponenten, wenn der Computer fertig zusammengebaut ist (siehe auch ab Seite 38).

© Lian Li

© be quiet!

Das Netzteil
Für die Stromversorgung des PCs das A und O (siehe auch ab Seite 99).

© be quiet!

Der Kühler
In Computern unabdingbar, da er für einen stabilen und ausreichend kühlen Betrieb der Anlage sorgt (siehe auch ab Seite 162).

© be quiet!

Der Lüfter
Für die Belüftung im Computer und an Kühlern zwingend notwendig. In verschiedenen Leistungsstufen verfügbar (siehe auch ab Seite 162).

© Coollaboratory

Die Wärmeleitpaste
Neben dem Lüfter und dem Kühler die dritte wichtige Komponente im Computer. Sorgt für eine gute Wärmeübertragung (siehe auch ab Seite 137).

© ViewSonic

Der Monitor
Das Ausgabegerät der heutigen Zeit. Stellt alles dar, was der Computer macht. Zum Teil sogar zur Bedienung des Computers verwendbar (siehe auch ab Seite 122).

Separate Komponenten wie zum Beispiel Netzwerkkarten oder Soundkarten kommen heute bei immer weniger Computern zum Einsatz. Dies liegt jedoch nicht daran, dass sie nicht mehr benötigt werden; vielmehr ist die Funktion dieser Hardware-Komponenten in der Regel bereits mit im Mainboard enthalten. Für Freunde von hochwertiger und besonders leistungsstarker Soundausgabe oder für Nutzer mit speziellen Anforderungen an die Netzwerkverarbeitung lohnt sich jedoch unter Umständen auch der Einsatz solcher separater Komponenten.

Ebenfalls eher optional sind Komponenten aus dem Modding-Bereich oder der Kühlung. Neben den normalerweise in PC-Systemen enthaltenen Luftkühlungen gibt es auch Kühlung auf der Basis von Kühlflüssigkeiten oder Kompressoren.

Auch beim Modding, dem individuellen (Um-)Gestalten des eigenen Computers, gibt es eine Vielzahl von Komponenten, die einen schlichten Computer mit teilweise nur wenig Aufwand in ein farbenprächtiges Kunstwerk verwandeln. Zubehör wie Beleuchtungen (Kathoden, LEDs) oder auch Seitenteile mit Fenster (Window) sind hier meistens besonders beliebt.

Beim sogenannten „Zocken“ setzen viele PC-Spieler nicht nur auf eine Maus und Tastatur, beliebte Eingabegeräte sind auch Lenkräder, Gamepads und Joysticks. Das Steuern von Flugzeugen beispielsweise ist mit einem guten Joystick oftmals deutlich einfacher als mit der Maus oder der Tastatur. Manche Programme und Computersysteme lassen sich sogar mit Gesten bedienen, wobei hierfür eine Webcam notwendig ist.

Die Kommunikation mit dem Computer stellen diese externen Komponenten in der Regel kabellos oder über ein USB-Kabel her. In Notebooks, Smartphones und Tablets sind Webcams meistens bereits von Haus aus verbaut.

Externe Komponenten

Das Gehäuse: das Heim der kostbaren Hardware

Waren Computer-Gehäuse für lange Zeit in nicht sonderlich eleganten Beige- und Grautönen gehalten und damit eher ein Grauen für jedes Wohn- oder Arbeitszimmer, sind diese heute eher ein Zeichen von Stil, Geschmack und Status. In den vergangenen Jahren hat sich eine ganze Flut von Gehäusearten und -typen entwickelt, wobei sich diese nicht nur in der Größe, der Farbe oder dem Aufbau unterscheiden. Auch beim Material und bei der Belüftung gehen die Hersteller neue Wege. Dabei kommt es nicht einmal selten vor, dass ein hochwertiges Computer-Gehäuse genauso viel kostet wie ein günstiger Fertig-PC.

Neben dem Mainboard stellt das Gehäuse eine der wichtigsten Komponenten beim Zusammenbau eines Computers dar, da es je nach Größe und vorhandenem Platz die Grenzen beim Ausbau setzt. Wenn Sie sich also beispielsweise ein High-End-System zum Spielen wünschen, sollte Ihre Wahl eher auf ein möglichst großes Gehäuse mit viel Raum fallen.

Im Lauf der Zeit haben sich die Gehäuse jedoch nicht nur in ihrer Aufmachung und Größe verändert, auch so manche grundlegenden Eigenschaften kamen hinzu, während andere verschwanden. In vielen neuen Gehäusen verzichten die Hersteller bereits von Haus aus auf den sogenannten Speaker. Der Speaker ist ein kleiner Lautsprecher, der am Mainboard angeschlossen wird und beim Start des Computers kurze oder lange Töne zur (Fehler-)Diagnose wiedergibt.

Auch der zum unmittelbaren Neustart des Computers verwendbare Reset-Taster nimmt bei modernen PC-Systemen eine immer geringere Bedeutung ein. Kein Wunder also, dass dieser Taster in vielen Gehäusen nicht mehr enthalten ist.

Eine der wohl markantesten Änderungen bei den PC-Gehäusen ist der 3,5-Zoll-Laufwerksschacht, der über viele Jahre hinweg oftmals sogar doppelt vorkam. Heute verwendet kaum noch ein Nutzer Disketten zum Speichern von Daten, und auch Lüftersteuerungen werden eher in den größeren 5,25-Zoll-Schächten untergebracht. Infolgedessen verzichten viele Hersteller von Gehäusen inzwischen mehr oder weniger konsequent auf die Integration eines 3,5-Zoll-Schachts. In manchen Gehäusen findet sich im Lieferumfang zwar noch ein 3,5-Zoll-Adapter, doch auch dies dürfte in den nächsten Jahren immer mehr der Vergangenheit angehören.

Doch was gibt es nun eigentlich für Gehäusetypen, und was sollten Sie bei der Auswahl eines Gehäuses beachten? Mit wenigen selbst aufgestellten Kriterien können Sie sich die Wahl des richtigen Gehäuses deutlich erleichtern, wobei solche Kriterien kaum Vorkenntnisse benötigen. Allein schon, wenn Sie den maximalen Preis, die gewünschte Gehäusegröße, Farbe und Form festlegen, können Sie den Auswahlprozess bedeutend vereinfachen.

Nachfolgend haben wir die am Markt am häufigsten vorkommenden Gehäusetypen aufgelistet, wobei wir deren Vor- und Nachteile nochmals im Detail aufzeigen. Oft ist die Grenze zwischen zwei Gehäusetypen fließend und schwer zu definieren. So werden Sie zum Beispiel immer wieder recht große Gehäuse finden, die der Hersteller als Midi-Tower deklariert, die jedoch eher einem Big-Tower entsprechen. Lassen Sie sich in einem solchen Fall nicht von der Typisierung des Herstellers beeinflussen, sondern vertrauen Sie lieber auf Ihre selbstgesteckten Kriterien zur Wahl des richtigen Gehäuses.

✓ Mini-Gehäuse

Formfaktor: meist Mini-ITX
Erweiterungsslots: meist 1 bis 2 Slots
Größe: meist ca. 20 bis 30 cm breit und tief, 8 bis 15 cm hoch
Netzteil: meist integriert oder beiliegend
Gewicht: meist 2 bis 5 kg

Mini-Gehäuse gehören zu den eher neueren Gehäusetypen, wobei sie ausnahmslos für sehr effiziente und verlustleistungsarme Hardware geeignet sind. Aufgrund ihrer sehr geringen Größe bieten Mini-Gehäuse in der Regel keinen Platz für Erweiterungskarten oder größere Komponenten wie herkömmliche CPU-Kühler. Stattdessen arbeiten in vielen Mini-Gehäusen sehr flache aktive oder passive Kühler mit einer Bauhöhe von zum Teil nur 2 bis 3 Zentimetern. In manchen Modellen wird die Kühlung auch über ein sogenanntes Heatpipe-System realisiert. Bei dieser Kühlmethode leiten mit einem Kühlmedium gefüllte Kupferrohre die Abwärme der Komponenten sehr schnell und effizient von der Hitzequelle zum Kühler. Bei Mini-Gehäusen stellen diese Kühler oftmals das Gehäuse selbst dar, das in einem solchen Fall aus Metall besteht. Im PC-Segment bestehen Heatpipes normalerweise aus Kupfer, wobei im Inneren eine sehr geringe Menge von Flüssigkeit (Wasser) enthalten ist. Die Flüssigkeit verdampft beim Erhitzen und unterstützt somit den Abtransport der Verlustleistung.

© Lian Li

Mini-Gehäuse

Ein weiterer Vorteil von Mini-Gehäusen ist neben der vielfach anzutreffenden Passivkühlung auch ihre geringe Größe. Sie lassen sich daher beinahe überall in den heimischen vier Wänden platzieren.

Trotz der verhältnisweise sehr geringen Größe findet sich in diesem kompakten Gehäusetyp fast immer Platz für ein schmales

5,25-Zoll-Laufwerk. Auch kann mindestens ein 2,5-Zoll-Laufwerk im Gehäuse verbaut werden. Zusätzlich ist in manchen Modellen auch ein Display mit IR-Sensor enthalten, um die im Mini-ITX-System installierten Multimediafunktionen beziehungsweise das Betriebssystem zu steuern.

Das üblicherweise mitgelieferte Netzteil besitzt eine Leistung von rund 50 bis 100 Watt.

Seinen Einsatz findet ein Mini-Gehäuse meistens recht unauffällig in Wohnzimmern, wobei das darin enthaltene PC-System lediglich einfache Multimediadienste (z.B. Streamen) bereitstellt.

✓ **HTPC-Gehäuse** (Multimedia-Gehäuse)

Formfaktor: meist Micro-ATX
Erweiterungsslots: meist 3 bis 4 Slots
Größe: meist ca. 40 bis 50 cm breit und tief, 10 bis 20 cm hoch
Netzteil: meist optional, Micro- und Standard-ATX-Netzteil
Gewicht: meist 5 bis 10 kg

© Lian Li

HTPC-Gehäuse

Neben dem Mini-Gehäuse zählen die HTPC-Gehäuse zu den eher kompakten und je nach Optik und Aufmachung dezenten Vertretern ihrer Art. Der Unterschied zum Mini-Gehäuse zeigt sich jedoch bereits bei der Größe, da die meisten HTPC-Gehäuse von Haus aus den nötigen Platz für ein Micro-ATX-Mainboard bereitstellen und somit fast doppelt so groß und schwer sein können. Durch die im Vergleich zum Mini-Gehäuse größeren Abmessungen kann ein HTPC-Gehäuse deutlich mehr Komponenten aufnehmen und diese auch um ein Vielfaches besser kühlen. Je nach Höhe des Gehäuses können sogar normale CPU-Kühler und relativ leistungsstarke Grafikkarten eingebaut werden.

Beim Großteil der HTPC-Gehäuse sind auch Lüfter im Lieferumfang enthalten, die für eine dauerhafte Luftumwälzung innerhalb des Gehäuses sorgen. Verwendet werden hier oft 80-, 92- und manchmal auch 120-mm-Lüfter.

HTPC-Gehäuse bieten in der Regel Platz für ein schmales oder normal hohes 5,25-Zoll-Laufwerk sowie für drei bis fünf 3,5-Zoll-Laufwerke. Ein TFT- oder LCD-Display gehört bei einem HTPC-Gehäuse beinahe zum Standard, wobei viele Gehäuse jeweils in einer etwas günstigeren Variante ohne verbautes Display erhältlich sind.

HTPC-Gehäuse sind oftmals relativ teuer, wobei der hohe Preis auch durch das meist hochwertige Material (Aluminium) sowie durch die aufwändigen Fronten zustande kommt.

Wie das Mini-Gehäuse kommt auch das HTPC-Gehäuse oftmals im heimischen Wohnzimmer zum Einsatz, wobei es jedoch je nach verbauter Hardware nicht nur für reine Multimediazwecke geeignet ist. Oft werden diese Systeme auch zum Spielen am Fernseher verwendet.

✓ Cube-Gehäuse

Formfaktor: meist Mini-ITX oder Micro-ATX
Erweiterungsslots: meist 2 bis 4 Slots
Größe: meist ca. 20 bis 30 cm breit und hoch, 30 bis 40 cm tief
Netzteil: meist optional, Micro- und Standard-ATX-Netzteil
Gewicht: meist 3 bis 6 kg

Wie die Mini-Gehäuse stellen auch die Cube-Gehäuse eine relativ neue Art von Gehäusetyp dar. Sie sind besonders bei Spielern sehr beliebt und anhand ihrer kubischen Form leicht zu erkennen. Ihre Höhe und Breite sind oftmals sehr ähnlich, lediglich in der Länge nehmen Cube-Gehäuse etwas mehr Platz ein.

Cube-Gehäuse

Das Netzteil wird in einem Cube-Gehäuse fast immer über dem Mainboard platziert. Gleiches gilt für das 5,25-Zoll-Laufwerk. In der Front sind meistens Lüfter und ein in der Regel rechtsbündig dahinter installierter Festplattenkäfig enthalten.

Dadurch dass sich der Netzteilschacht über dem Mainboard befindet, können oft nur CPU-Kühler mit einer Höhe von bis zu zehn Zentimetern eingebaut werden. Hier empfiehlt sich ein kompakter Tower-Kühler mit einem 92-mm-Lüfter oder ein Top-Flow-Kühler. Durch ihre Ausrichtung auf PC-Spieler bieten Cube-Gehäuse selbst beim Einbau von Mini-ITX-Mainboards den nötigen Platz für relativ leistungsstarke und auch etwas längere Grafikkarten.

Ebenfalls immer wieder anzutreffen sind ins Gehäuse eingelassene Fenster (Windows) sowie beleuchtete Lüfter. Manche Cube-Gehäuse bieten zudem Tragegriffe für den einfachen Transport.

Zum Einsatz kommt ein Cube-Gehäuse meistens auf Schreibtischen von PC-Spielern oder auf LAN-Partys. Aufgrund ihrer

Formgebung und des geringen Gewichts sind die Gehäuse sehr portabel.

✓ Midi-Tower-Gehäuse

Formfaktor: meist Micro-ATX oder ATX
Erweiterungsslots: meist 7 bis 8 Slots
Größe: meist ca. 20 cm breit, 40 bis 50 cm hoch und tief
Netzteil: meist optional, Standard-ATX-Netzteil
Gewicht: meist 5 bis 15 kg

Das Midi-Tower-Gehäuse ist der Allrounder und zeitlose Klassiker unter den am Markt erhältlichen Gehäusetypen. Es vereint zahlreiche Vorteile verschiedener Gehäusetypen und bietet zudem ein optimales Platzverhältnis für alle Arten von Computersystemen.

Das Midi-Tower-Gehäuse gibt es in verschiedenen Arten und Formen, wobei es meistens eine Breite von rund 20 Zentimetern aufweist und aus einem dünnen und stabilen Gerüst und Seitenteilen aus Stahl besteht. Die Front und der Deckel werden hingegen meist aus Kunststoff gefertigt, um die zahllosen Gehäuse-Designs zu realisieren. Alternativ dazu gibt es auch normalerweise etwas schlichter gehaltene Modelle aus Aluminium, die leichter und hochpreisiger sind.

Beim Thema Platz können Midi-Tower-Gehäuse ihr ganzes Potential ausspielen und selbst große CPU-Kühler mit einer Höhe von bis zu 160 Millimetern aufnehmen, sofern im Seitenteil auf Höhe des CPU-Kühlers kein Lüfter platziert ist. Auch der Einbau von leistungsstarken und langen Grafikkarten stellt beim Großteil der Midi-Tower-Gehäuse kein Problem dar.

Im Gehäuse können neben den bereits genannten Komponenten in der Regel Micro-ATX- und ATX-Mainboards untergebracht werden. Darüber hinaus stehen dem Nutzer meistens rund drei bis fünf 5,25-Zoll- und ähnlich viele 3,5-Zoll-Schächte zur Verfügung.

Von Haus aus besitzt ein Großteil der Midi-Tower-Gehäuse in der Front sowie auf der Rückseite jeweils mindestens einen 120- oder sogar 140-mm-Lüfter. Moderne Modelle ermöglichen außerdem die Installation von Lüftern im Seitenteil, im Boden sowie im oftmals teilweise perforierten Deckel.

Um die Installation von CPU-Kühlern zu erleichtern, bieten immer mehr Hersteller sogenannte Auslässe im Mainboard-Schlitten an. Mit Hilfe eines solchen Ausschnitts muss der Nutzer zum Wechseln des Kühlers nicht mehr das Mainboard und somit einen Großteil der im Computer installierten Komponenten ausbauen.

© Enermax

Midi-Tower-Gehäuse

Platziert werden kann ein Midi-Tower-Gehäuse auf, normalerweise jedoch eher unter dem Schreibtisch. Da sie die notwendige Kapazität zur Aufnahme von sehr leistungsstarker Hardware mitbringen, gibt es für Midi-Tower-Gehäuse quasi keinerlei Einschränkungen hinsichtlich ihrer Nutzbarkeit.

✓ **Big-Tower-Gehäuse**

Formfaktor: meist ATX oder E-ATX
Erweiterungsslots: meist 7 bis 8 Slots
Größe: meist ca. 20 bis 30 cm breit, 50 bis 70 cm hoch und tief
Netzteil: meist optional, Standard-ATX-Netzteil
Gewicht: meist 10 bis 20 kg

Neben den Midi-Tower-Gehäusen kommen in Computersystemen besonders häufig auch die sogenannten Big-Tower-Gehäuse zum Einsatz. Diese sind in der Regel deutlich größer und bieten mehr als ausreichend Platz für beinahe alle möglichen Aufbauten. Aufgrund ihrer immensen Größe gibt es selbst beim Einbau von überlangen Grafikkarten und übergroßen CPU-Kühlern keine Probleme.

Big-Tower-Gehäuse

Besonders beliebt sind die Big-Tower-Gehäuse bei Spielern und Übertaktern (Overclocker), da sie dem Nutzer alle Freiheiten beim Bestücken des Gehäuses bieten. Auch die Kühlung stellt in einem derart großen Gehäuse in der Regel kein Problem dar.

In einem Big-Tower-Gehäuse findet ein ATX- oder ein E-ATX-Mainboard den nötigen Platz. Bis zu zwölf 5,25-Zoll- sowie ausreichend viele 3,5-Zoll-Laufwerke können in einem Big-Tower-Gehäuse verbaut werden.

Wie beim Midi-Tower-Gehäuse können zudem im Boden, in der Front, in der Rückseite, im Seitenteil sowie im Deckel normalerweise gleich mehrere Lüfter verbaut werden. Durch die immense Größe des Gehäuses sind für eine gute Belüftung mehrere Lüfter notwendig, damit sich in Teilen des Gehäuses keine Wärme staut. Neben der eigentlichen Hardware können Nutzer in einem Big-Tower-Gehäuse leicht auch alternative Kühlungen einbauen. Ein typisches Beispiel ist hier der Einbau einer Wasserkühlung in Form eines Dual- oder sogar Triple-Radiators im Deckel.

Ein weiteres interessantes Merkmal, das meistens nur bei Big-Tower-Gehäusen vorzufinden ist, stellt der durchgängige 5,25-Zoll-Schacht dar. Statt die einzelnen Bereiche voneinander zu trennen, können die Nutzer bei vielen Modellen frei entscheiden, ob und wie die verschiedenen Festplattenschächte eingebaut werden sollen. Besonders beim Einsatz einer Wasserkühlung macht sich dies positiv bemerkbar, da so im Bereich des Gehäusebodens zusätzlicher Platz zum Beispiel für eine Wasserpumpe entsteht.

✓ **Bench Tables** (offene Aufbauten)

Formfaktor: diverse Formfaktoren
Erweiterungsslots: meist 4 bis 7 Slots
Größe: meist ca. 20 bis 40 cm breit und tief, 20 bis 30 cm hoch
Netzteil: meist optional, Standard-ATX-Netzteil
Gewicht: meist 5 bis 10 kg

Der Bench Table ist sicherlich einer der Gehäusetypen, die eher selten privat oder beruflich genutzt werden. Allein die Bezeichnung dieses Gehäusetyps weist bereits recht deutlich auf den angedachten Einsatzzweck hin. Gerade für Hersteller, Händler und natürlich auch Tester (wie die Redakteure von **Technic3D**) sind BenchTables schlicht und ergreifend Gold wert. Über den Sinn und Zweck eines Bench Tables im privaten Bereich lässt sich natürlich streiten, da besonders der Schutz vor äußeren Einflüssen (Staub, Beschädigungen) bei einem Bench Table nur bedingt vorhanden ist.

Das herausstechende Merkmal eines Bench Tables ist sein Aufbau, da hier quasi alle eingebauten Komponenten offen platziert und somit frei zugänglich sind. Dank dieses Aufbaus hat der Nutzer immer einen Blick auf die verbaute Hardware und kann Änderungen und Anpassungen mit nur wenigen Handgriffen durchführen. Dabei muss weder ein Seitenteil entfernt noch umständlich im Inneren eines Gehäuses hantiert werden. Viele dieser Handgriffe können zudem ohne den Einsatz von Werkzeug durchgeführt werden.

Die Laufwerke und das Netzteil finden in der Regel im Unterbau ihren Platz, wobei dieser oft nur von zwei Seiten mehr oder weniger geschlossen ist. Über dem Unterbau ist eine Basisplatte fixiert, die als Grundlage für die Installation eines Mainboards dient.

Bench Table

Bench Tables bieten Platz für diverse Hardware, wobei dieser stark von der Größe des Gehäuses abhängt. In den meisten Gehäusen lassen sich ein bis zwei 5,25-Zoll- und 3,5-Zoll-Laufwerke unterbringen. Normalerweise können Micro-ATX- und ATX-Mainboards installiert werden.

Seinen Einsatz findet der Bench Table vor allem in Form von Testumgebungen bei Redaktionen, Herstellern und Händlern, um die im Bench Table verbaute Hardware auf ihre Funktion und Leistung hin zu prüfen. Doch auch „normale“ Nutzer greifen ab und zu zum Bench Table, wobei hier eher der optische Aspekt in Verbindung mit einer aufwändigen Beleuchtung zum Tragen kommt, wie dies zum Beispiel auf Netzwerkpartys der Fall ist.

✓ Server-Gehäuse

Formfaktor: SSI-EEB
Erweiterungsslots: meist 0 bis 7 Slots
Größe: 19 Zoll breit, mind. 1 HE hoch, meist 50-70 cm tief
Netzteil: meist optional, oft Standard-ATX-Netzteil
Gewicht: meist 5 bis 20 kg

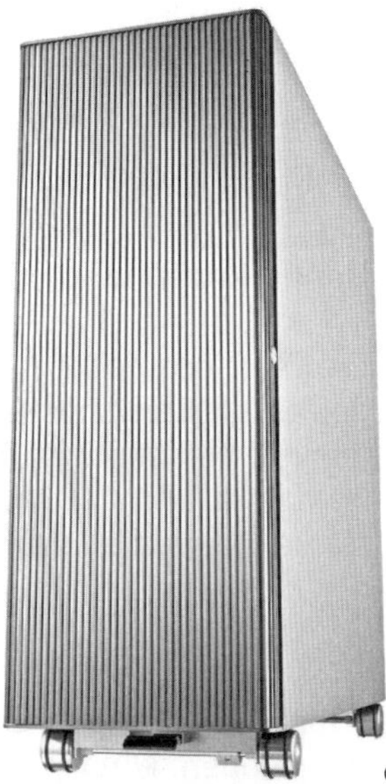

© Lian Li

Server-Gehäuse

Server-Gehäuse sind in vielen Größen auf dem Markt erhältlich, wobei sie durch ihre genormte Breite von 19 Zoll nur in Server-Racks verwendet werden. Eine der wichtigsten Angaben ist die Höheneinheit (HE), welche mindestens 1,75 Zoll (1 HE) beträgt.

Zwar sind manche Internet-Server auch in privaten Räumlichkeiten zu finden, der Großteil der Server ist jedoch in Server-Racks von Rechenzentren untergebracht. Ein solches Rack ist oftmals rund zwei Meter hoch und bietet Platz für weit mehr als 40 Server-Gehäuse, sofern diese lediglich 1 HE hoch sind.

Der Innenaufbau eines Servers ist sehr kompakt und bietet – anders als klassische Computergehäuse – wenig Platz für Modifikationen und den Einbau zusätzlicher Hardware. Zwar lassen sich in vielen Server-Gehäusen mehrere Festplatten und auch schmale 5,25-Zoll-Festplatten einbauen, doch größere und somit leisere Kühler sucht man hier vergebens. Eine solche Modifikation ist auch gar nicht notwendig: Die Serverräume in Rechenzentren sind aufgrund der vielen darin untergebrachten Server von Haus aus sehr laut und werden über zusätzliche Klimaanlagen, die die Raumtemperatur auf einem gleichbleibenden Niveau halten, gekühlt. Hier heißt die Maxime also: Leistung satt bei guter Kühlung.

Bastis Profi-Tipp:

Die Wahl des richtigen Gehäuses ist von der geplanten Leistungsfähigkeit Ihres Computersystems abhängig. Eine effektive Kühlung ist das A und O. Bauen Sie zu leistungsstarke Hardware in ein zu kleines Gehäuse ein, kann es zu einem Wärmestau kommen.

Von Server-Gehäusen mit ihrer geringen Größe und ihrem speziellen Einsatzbereich abgesehen, können fast alle Gehäusetypen durch verschiedene Modifikationen an die eigenen Vorstellungen und Wünsche angepasst werden. So ist es kein Wunder, dass im

Laufe der letzten Jahre immer mehr Computerbesitzer solche Modifikationen, die oft auch als Modding bezeichnet werden, selbst vornehmen.

Modding bedeutet natürlich nicht zwingend, dass man nun mit Säge und Bohrer das eigene Gehäuse in seine Einzelteile zerlegt und durchlöchert. Stattdessen steht der Begriff für eine individuelle Gestaltung des eigenen Computergehäuses. Angefangen mit einer einzigartigen Lackierung, kleinen oder großen Seitenfenstern über diverse Beleuchtungen bis hin zu mechanischen Veränderungen in Sachen Form, Größe und Innenaufbau sind beim Modding kaum Grenzen gesetzt.

Die beliebtesten und besonders häufig anzutreffenden Modifizierungen an Computergehäusen können heutzutage vom Nutzer sogar ohne eine tatsächlich stattfindende Modifikation verwendet werden, da immer mehr Hersteller von Gehäusen von Haus aus beleuchtete Lüfter und möglichst große Fenster (Windows) im Seitenteil einbauen. Diese Fertig-Moddings werden natürlich nicht von allen Nutzern geliebt und sind aufgrund ihrer inzwischen sehr hohen Verfügbarkeit auch nur noch bedingt ein echter individueller Hingucker. Doch durch einzeln erwerbbare Lüfter, Kathoden und LEDs in verschiedenen Farben können selbst bereits leicht modifizierte Gehäuse noch einmal in ihrer Wirkung völlig umgestaltet werden. Manche Hersteller bieten für ihre Gehäuse zusätzliche Seitenteile mit Window an.

Besonders interessant für Gehäuse-Besitzer ist die Kombination aus mehreren Modding-Elementen. Sehr beliebt sind zum Beispiel Kaltlichtkathoden (Schwarzlicht) im Zusammenspiel mit UV-aktiven Elementen. Auch Lüfter mit weit mehr als vier LEDs können für ein sprichwörtlich optisches Feuerwerk sorgen, besonders wenn die Lüfter dank kleiner Steuerungen auch noch verschiedene Effekte darbieten können.

Selbst eine Wasserkühlung wird unter anderem für den Moddingbereich genutzt. Neben dem Effekt, die Kühlleistung zu steigern und die Lautstärke zu mindern, kann sie bei entsprechender Gestaltung wahre Wunder im optischen Bereich bewirken und dem Individualisten den letzten Kick geben.

Externe Komponenten für die Wiedergabe von Medien und die Verteilung von Daten

Zwar bieten Computer dank ihrer Anschlussvielfalt von Haus aus bereits viele Features, doch einige Funktionen müssen – sofern der Nutzer diese verwenden möchte – nachträglich installiert werden. Zum Beispiel wäre es sehr ärgerlich, wenn Ihr Computer Musik oder auch Filme zwar wiedergeben kann, Sie diese jedoch nicht hören könnten. Oder was wäre ein Computer, der keine Verbindung zu einem Netzwerk oder gar dem Internet herstellen kann?

✓ Stereo- und Surround-Lautsprecher

Besonders für Freunde des hochwertigen Audio-Genusses sind Sound-Lautsprecher interessant, die an den Computer angeschlossen werden. Doch auch bei Spielen ist ein guter Sound heute fast unverzichtbar, da nur so die vom Hersteller angedachte Atmosphäre wirklich zum Tragen kommt. So finden sich an vielen Computern 2.1 oder gar 5.1 Boxensysteme. Diese beinhalten neben zwei beziehungsweise fünf oftmals eher kleineren Lautsprechern auch einen vergleichsweise großen Subwoofer, der je nach Audioquelle für die Wiedergabe eines möglichst kräftigen Basses verantwortlich ist.

Bei einem Surround-System (zum Beispiel mit sechs oder mehr Kanälen) befinden sich neben dem Subwoofer auch mindestens zwei Front-, zwei Rear- sowie ein Center-Lautsprecher im Lieferumfang. In dieser Kombination können – falls die Audioquelle dies in Form der angebotenen Kanäle ermöglicht – beinahe realistische Audioeffekte mit einem verblüffenden Raumklang erzielt werden. Auch in Spielen wird immer stärker auf einen gut funktionierenden Surround-Effekt geachtet, um den Spieler immer tiefer und realistischer in das Spielgeschehen eintauchen zu lassen.

Eine der wichtigsten Komponenten von Lautsprechern stellt die Membrane dar, die aufgrund ihres trichterförmigen Aufbaus möglichst ganzflächig in Schwingung versetzt wird. Neben der Membrane besitzt ein Lautsprecher je nach Ausführung eine Lautsprecherspule mit Spinne, den Korb sowie den Magnetpol.

© Teufel

5.1 Lautsprechersystem

✓ Kopfhörer und Headsets

Alternativ zum Einsatz eines Boxensystems können an den meisten Computern auch Kopfhörer angeschlossen werden. Kopfhörer sind in der Regel dank zwei mehr oder weniger weich gepolsterter Kopfhörermuscheln binaural aufgebaut. Damit kann man zum Beispiel beim Spielen eine Richtungslokalisation erzeugen, wodurch das Spielerlebnis authentischer wirkt. Besitzt ein Kopfhörer zudem ein meist ausziehbares, ansteckbares oder ausklappbares Mikrofon, wird er auch als Headset bezeichnet.

Kopfhörer und Headsets sind in verschiedenen Größen und Formen mit oder ohne Kabel (wireless) erhältlich. Sie sind inzwischen sehr weit verbreitet, wobei Headsets besonders bei Computerspielern sehr beliebt sind. Über das Mikrofon ist die Kommunikation mit anderen Spielern denkbar einfach, wodurch sich je nach Spiel ganz neue Möglichkeiten bezüglich Taktik und Verlauf einer Spielrunde ergeben. Doch nicht nur beim Spielen kommen Headsets zum Einsatz, sondern zum Beispiel auch bei einer möglichst privaten Unterhaltung per Sprachkommunikation am Computer (zum Beispiel über das bekannte Programm Skype).

© SteelSeries

Headset

Die Technik der Kopfhörer und Headsets hat sich im Laufe des letzten Jahrzehnts stark entwickelt und ermöglicht je nach Modell unabhängig von der Anschlussart eine erstaunlich hohe Aufnahme- und Wiedergabequalität. Mit Hilfe einer möglichst ohrumschließenden Polsterung werden zudem Störgeräusche wirkungsvoll verringert. Beide Varianten werden entweder per 3,5-Millimeter-Klinke oder über den USB-Port an den Computer angeschlossen. Bei kabellosen Modellen ist ein zusätzlicher Empfänger und Sender vorhanden, der die Kommunikation zwischen USB-Port und Headset realisiert. Manche Kopfhörer und Headsets können alternativ dazu via Bluetooth betrieben werden, was entweder durch bereits verbaute Komponenten oder einen oftmals im Lieferumfang enthaltenen Bluetooth-Stick ermöglicht wird.

Neben der reinen Stereo-Wiedergabe unterstützen manche Kopfhörer und Headsets auch einen zum Teil erstaunlich gut funktionierenden Raumklang sowie durch kleine verbaute Motoren erzeugte Vibrationseffekte. Diese schaffen speziell bei der Nutzung von Raumklang (Surround-Sound) eine zusätzliche fühlbare und ortbare Reaktion und verstärken so die Interaktionen zwischen Nutzer und Computer. Für den nötigen Raumklang sorgen in beiden Kopfhörermuscheln extrem kleine Boxen, die durch eine geschickte Anordnung und Ansteuerung dem menschlichen Ohr einen eigentlich nicht vorhandenen räumlichen Effekt vortäuschen.

✓ Webcams

Neben den Kopfhörern und Headsets finden sich auch die sogenannten Webcams in immer mehr Computern wieder. Angeschlossen werden sie heute über den USB-Anschluss, wobei ihre Technik und Qualität im Laufe der letzten Jahre eine deutliche Verbesserung erfahren hat.

Boten Webcams noch vor einigen Jahren nur sehr kleine Auflösungen, sind heute bereits Auflösungen im High-Definition-Bereich (720p HD / 1080p Full-HD) üblich. Auch bei der zugrundeliegenden Technik hat sich einiges getan, da neben hochwertigen Objektiven (zum Beispiel von Carl Zeiss) auch Features wie eine Rausch- und Echounterdrückung, sensible Mikrofone und ein schnell funktionierender Autofokus bei vielen Modellen zum Standardrepertoire gehören.

Auch die Aufnahme und Wiedergabe von Farben wurde bei modernen Webcams deutlich verbessert, so dass die Unterhaltung mit Freunden über einen Videochat (bei einer ausreichenden Rechnerleistung und Geschwindigkeit der eigenen Internetverbindung) eine erstaunlich hohe Qualität bietet.

Die Aufnahme wird normalerweise im beinahe überall anzutreffenden Breitbildformat erstellt. Besonders beliebt ist hier das 16:9

beziehungsweise 16:10 Format, um dem auch bei Monitoren zunehmend üblichen Format zu entsprechen.

✓ **USB-Hub**

Einen USB-Hub dürfte fast jeder PC-Besitzer schon einmal gesehen haben und in den meisten Fällen sogar sein Eigentum nennen. Beim Einsatz eines solchen Hubs kann der Nutzer gleich mehrere Geräte mit USB-Anschluss mit dem Computer verbinden, auch wenn nur noch ein freier USB-Anschluss am Computer zur Verfügung steht. Ermöglicht wird diese „Vervielfachung“ durch eine Verschachtelung der Daten- und Stromleitung, wobei jedoch maximal 127 USB-Geräte über maximal fünf Ebenen pro Basis-USB-Port realisierbar sind. Wenn der USB-Hub einen eigenen Stromanschluss besitzt, kann zudem jedes angeschlossene USB-Gerät bis zu 500 mA im Falle von USB 2.0 beziehungsweise 900 mA bei der Nutzung des USB 3.0 Standards beziehen. Passive USB-Hubs erhalten ihren Strom lediglich vom Mainboard und müssen die zur Verfügung gestellte mA-Zahl auf die angeschlossenen Geräte aufteilen.

Der USB 2.0 Standard erreicht laut Spezifikation eine Geschwindigkeit von bis zu 480 Megabits pro Sekunde, was einer Transferleistung von zumindest theoretisch 60 Megabyte pro Sekunde entspricht. In der Praxis können jedoch meistens zwischen 25 und 35 Megabyte pro Sekunde erreicht werden. Noch schneller geht es mit USB 3.0, das eine Leistung von bis zu 500 Megabyte pro Sekunde verspricht. Doch auch hier begrenzt der praktische Einsatz die Leistung auf meist 60 bis 90 Megabyte in der Sekunde.

Die verschiedenen USB-Standards sind untereinander kompatibel. So können Sie beispielsweise eine externe USB-3.0-Festplatte mit einem USB-3.0-Hub und auch einem USB-2.0-Anschluss verbinden können. Grundsätzlich begrenzt jedoch immer der verwendete USB-Hub beziehungsweise USB-Anschluss am Mainboard die Leistung (mA und Datentransfer).

Neben den kabelgebundenen USB-Varianten existieren auch kabellose USB-Techniken, die zumindest auf relative kurze Distanzen Daten mit annehmbarer Geschwindigkeit übermitteln können. Diese Technik wird in der Zukunft voraussichtlich speziell bei Eingabegeräten verstärkt vorzufinden sein.

✓ **Modem und Router**

Bei der Einrichtung eines Internetzugangs per Kabel oder zum Beispiel DSL benötigen Sie ein Modem, das die Einwahl und die Synchronisierung mit dem Provider ermöglicht. Ein solches Modem wird normalerweise vom Internet-Provider kostenfrei bereitgestellt.

Neben dem Modem findet sich in vielen Haushalten zudem ein Router, der den im Haushalt existierenden Computer, Smartphones, Tablets und Notebooks eine Internetverbindung zur Verfügung stellt und damit im Prinzip ein haushaltsinternes Netzwerk schafft. Manche Geräte bringen von Haus aus die beiden genannten Funktionen (Modem und Router) mit, wodurch nur noch ein Gerät verwendet werden muss.

© AVM

WLAN-Modem

An der Rückseite eines Modems beziehungsweise Routers befinden sich normalerweise recht viele Anschlüsse. Neben meistens zwei bis fünf LAN-Ports mit einer Datenübertragung von theoretisch bis zu 100 beziehungsweise 1000 Megabit sind oft mindestens ein WAN/DSL-Port, Anschlüsse für analoge oder digitale (ISDN) Telefone sowie auch ein oder zwei USB-Anschlüsse vorhanden. Letztere ermöglichen den Anschluss von USB-Geräten wie Druckern oder auch USB-Speichermedien, um diese mit einem möglichst geringen Aufwand dem kompletten Netzwerk zur Verfügung zu stellen.

Eines der wichtigsten Features eines Routers ist jedoch die WLAN-Fähigkeit, im Idealfall nach dem aktuellsten Standard. Konnten erste Generation der WLAN-Technik nur wenige Megabit transferieren, schaffen aktuelle Modelle mit zum Beispiel dem IEEE 802.11n Standard die Übertragung von Daten mit bis zu 120 Megabit pro Sekunde im 2,4-GHz- beziehungsweise 5-GHz-Band.

Gut ausgestattete Router können zum Teil zwischen den WLAN-Geräten eine Entfernung von über 100 Metern ohne Hindernisse überbrücken. Unter praxisnahen Bedingungen, zum Beispiel durch dazwischenliegende Mauern, Türen und Wände, schrumpft diese Distanz natürlich deutlich. Trotzdem lassen sich besonders durch die Nutzung optionaler Repeater zur Erhöhung der Sende- und Empfangsleistung auch über mehrere Wohnungen hinweg entsprechende Netzwerke aufbauen.

Im Gegensatz zu vielen Mainboards und Computern besitzen manche Tablets, Notebooks und Smartphones keine WLAN-Funktionalität. Diese kann durch einen WLAN-Stick oder eine entsprechende WLAN-Karte mit nur wenigen Handgriffen nachgerüstet werden.

Bastis Profi-Tipp:

Je weniger Geräte Sie besitzen, desto weniger Zeit benötigen Sie für deren Einrichtung. Versuchen Sie also ruhig, Geräte mit möglichst vielen enthaltenen Features zu verwenden, sofern Sie keine speziellen Anforderungen und Wünsche haben.

Interne Komponenten

Das Mainboard: das Grundgerüst eines jeden Computers

So wie beim Auto die verschiedenen Teile wie Sitze, Lenkrad, Motor usw. auf das Fahrgestell aufgebaut werden, werden auf dem Mainboard (dt. Hauptplatine) alle für den Betrieb des Computers notwendigen Komponenten aufgesteckt beziehungsweise mit Hilfe eines Kabels angeschlossen. In der Regel sind dies der Prozessor, der Arbeitsspeicher, ein Laufwerk sowie mindestens ein Speichermedium.

Das Mainboard nimmt jedoch nicht nur alle möglichen oder benötigten Erweiterungen auf, auch bringt es im Vergleich zu allen anderen Komponenten oft von Haus aus die meisten Fähigkeiten mit. Es ist quasi ein Alleskönner, zumindest bei gut ausgestatteten Modellen.

Das Mainboard stellt auch die Verbindung des Computers zur „Außenwelt“ in Form eines I/O-Panels dar, denn hier werden auf der Rückseite des Computers die Maus, die Tastatur und zusätzliche Geräte wie zum Beispiel der Drucker angeschlossen. Wenn keine separate Grafikkarte verbaut ist, gehört hierzu natürlich auch der Monitor, der an einem ebenfalls am I/O-Panel aufgeführten VGA-, DVI-, Display-Port- oder auch HDMI-Anschluss mit dem Mainboard verbunden wird. Ältere Anschlüsse wie den COM-Port oder andere serielle Anschlüsse findet man heute kaum noch an Mainboards für den Endkundenmarkt, da fast alle externen Komponenten über einen schnellen USB-Anschluss mit dem Mainboard verbunden werden.

Kein Computer ist also ohne ein Mainboard realisierbar, da es auch als Wegweiser für die verbauten Komponenten dient. Ohne das Mainboard können weder der Prozessor noch die Grafikkarte oder andere Komponenten miteinander kommunizieren. Auch werden im BIOS (die das Mainboard sowie die Komponenten ansteuernde Software) grundlegende Einstellungen wie das Datum, die Uhrzeit oder auch die Bootreihenfolge eingestellt.

Neben den grundsätzlichen Einstellungen können Nutzer je nach Mainboard mit Hilfe des BIOS viele Leistungssteigerungen erwirken. Besonders interessant ist dabei die Steigerung des Prozessor- und des Speichertaktes.

Neben der Größe des Mainboards und den auf dem Mainboard befindlichen Funktionen sollten Sie sich bei der Wahl des Mainboards auch über die weiteren Komponenten wie den Prozessor und den Arbeitsspeicher Gedanken machen. Jedes Mainboard kann zum Beispiel nur einen Typ von Arbeitsspeicher und Prozessor aufnehmen. Ein Mainboard für den Sockel 1156 kann beispielsweise nicht mit einem Sockel 1155 oder Sockel 1366 Prozessor ausgerüstet werden.

Es ist daher ratsam, sich zeitgleich auch die aktuelle Prozessortechnik etwas näher anzusehen. Dabei sollte weniger die Wahl zwischen zwei Herstellern den entscheidenden Ausschlag geben, sondern vielmehr die gebotene Leistung im Verhältnis zum Preis. Dies grenzt die Auswahl an Mainboards und Prozessoren bereits massiv ein und macht die Zusammenstellung für Sie wesentlich leichter.

Welche Mainboards gibt es eigentlich, und wo liegen die Vorteile der einzelnen Modelle, die sich zum Teil doch deutlich voneinander unterscheiden? Welche Vorteile sind dabei besonders interessant, und was kann in der Regel vernachlässigt werden?

✓ E-ATX-Mainboards

Größe: 33 cm breit und 30,5 cm hoch
CPU-Sockel: meist 1 bis 2 Sockel
Erweiterungsslots: meist 7 bis 8 Slots
Arbeitsspeicherslots: meist 6 bis 12 Slots
Empfohlen für: Big-Tower-Gehäuse

Was die Größe des Mainboards anbelangt, stellen die E-ATX-Mainboards zumindest bei den offiziellen Formfaktoren das Maß aller Dinge dar. Aufgrund ihrer Maße von satten 33 Zentimetern in der Breite und rund 30,5 Zentimetern in der Höhe finden sie sich jedoch eher selten in Computergehäusen.

E-ATX-Mainboards können aber nicht nur mit ihrer puren Größe, sondern auch mit ihrer Bestückung beeindrucken. Eines der auffälligsten Merkmale eines E-ATX-Mainboards stellt der oft zweimal vorhandene CPU-Sockel dar.

© Asus

E-ATX-Mainboard

Doch nicht nur mit Hilfe von doppelter Prozessorpower kann ein Computer mit einem entsprechend ausgestatteten E-ATX-Mainboard punkten, auch in Sachen Arbeitsspeicher, Anschlüsse und Erweiterungsslots sind kaum mehr Grenzen gesetzt. Selbst der Einsatz von drei bis vier Grafikkarten in NVIDIAs Triple-SLI-, Quad-SLI oder auch AMDs Crossfire-X-Modus stellt hier kein Problem dar. Ein Traum für alle Overclocker und Performance-Fans!

Neben der puren Leistung und Feature-Dichte ist auch die Kühlung eines E-ATX-Mainboards sehr wichtig. Der eigentliche Chipsatz ist hier – abhängig von der Leistung – meistens recht ausladend und aktiv belüftet. Zusätzlich finden sich auf einem solchen Mainboard in der Regel verschiedene passive Kühlkörper, um die unzähligen Spannungswandler ausreichend zu kühlen.

E-ATX-Mainboards eignen sich daher besonders für Nutzer von High-End-Anwendungen, die eine extrem leistungsstarke Hardware voraussetzen, wie zum Beispiel Spiele und Videoschnittprogramme. Den nötigen Platz finden E-ATX-Mainboards meistens in einem Big-Tower-Gehäuse. Die E-ATX Kompatibilität ist in den Produktmerkmalen der Gehäuse extra ausgewiesen.

✓ ATX-Mainboards

Größe: 24,4 cm breit und 30,5 cm hoch
CPU-Sockel: meist 1 Sockel
Erweiterungsslots: meist 7 Slots
Arbeitsspeicherslots: meist 2 bis 6 Slots
Empfohlen für: Midi- und Big-Tower-Gehäuse

Das mit am häufigsten anzutreffende Mainboard-Format ist der sogenannte ATX-Mainboard-Formfaktor. Charakteristisch ist seine deutlich rechteckige Form normalerweise mit einer Breite von rund 24,4 Zentimetern und einer Höhe von rund 30,5 Zentimetern. Es sind jedoch immer wieder Abweichungen anzutreffen, die jedoch aufgrund der normalerweise weiterhin eingehaltenen Montagelöcher im Mainboard im Praxisbetrieb keine Probleme bereiten.

© Asus

ATX-Mainboard

Aufgrund seiner recht großen Abmessungen bietet ein ATX-Mainboard ausreichend viele Steckplätze und meistens auch verschiedene Extras, die man bei kleineren Mainboards nicht oder nur bedingt wiederfindet. So gehören beim Großteil der Mainboards Features wie zwei integrierte Netzwerk-Anschlüsse (von meist unterschiedlichen Herstellern), mehrere x16-PCI-Express-Slots sowie bereits integrierte Sound-Chips mit einer Unterstützung von Mehrkanalsystemen zum Standardrepertoire. Auch an ausreichend vielen SATA- und USB-Anschlüssen mangelt es einem gut ausgestatteten ATX-Mainboard in der Regel nicht.

Neben der auffallend guten Feature-Dichte bietet ein solches Mainboard auch den nötigen Platz für eine Vielzahl verschiedener Hardware-Komponenten. So ist es in der Regel problemlos möglich, vier bis sechs Arbeitsspeicherriegel und auch mehrere Steckkarten einzubauen. Häufig sind auf ATX-Mainboards sogar mehrere Grafikkarten verbaut, die im SLI- beziehungsweise CrossfireX-Modus laufen und die Grafikleistung des Computers speziell in Spielen nochmals spürbar erhöhen. Interessant ist dies natürlich speziell für Computerspieler, die trotz hoher Auflösungen dennoch mit der bestmöglichen Qualitätseinstellung spielen möchten.

Die Kühlung der Mainboard-Komponenten erfolgt meistens in Form von relativ großflächigen und manchmal auch recht hohen Passiv-Kühlern. Manche Chipsätze werden zudem zumindest partiell mit einem kleinen aktiven Luftkühler ausgestattet.

ATX-Mainboards eignen sich am besten für den Einbau in ein Midi-Tower-Gehäuse oder ein Big-Tower-Gehäuse. Manche HTPC-Gehäuse bieten ebenfalls den nötigen Raum für ein ATX-Mainboard.

✓ **Micro-ATX-Mainboards**

Größe: 24,4 cm breit und hoch
CPU-Sockel: meist 1 Sockel
Erweiterungsslots: meist 4 Slots
Arbeitsspeicherslots: meist 2 bis 4 Slots
Empfohlen für: HTPC-, Cube- und Midi-Tower-Gehäuse

Etwas kleiner als das ATX-Mainboard-Format ist der ebenfalls recht häufig anzutreffende Micro-ATX-Mainboard-Formfaktor. Er unterscheidet sich in seinem Leistungs- und Funktionsumfang oftmals nicht wesentlich von seinem größeren Bruder, ist jedoch mit einer Höhe von nur rund 24,4 Zentimetern eher quadratisch und somit deutlich kompakter aufgebaut.

© Asus

Micro-ATX-Mainboard

Wie beim ATX-Pendant gibt es auch bei den Micro-ATX-Mainboards einige abweichende Modelle, die noch schmaler oder sogar minimal größer sind. Durch die geringere Größe im Verhältnis zu ATX-Mainboards ist die Anzahl der Erweiterungs- und Arbeitsspeicherslots sowie der auf dem Mainboard befindlichen Anschlüsse bei Micro-ATX-Mainboards oft etwas kleiner, was sich bei vielen Computern jedoch nicht negativ bemerkbar macht.

Auf einem Micro-ATX-Mainboard kann der Nutzer in der Regel zwei bis vier Arbeitsspeichermodule einbauen. Es gibt auch seltene Fälle, in denen ein solches Mainboard bis zu sechs Module aufnehmen kann. Dies sind jedoch Sonderlösungen, welche meistens speziell auf besonders ambitionierte Spieler ausgelegt sind. Neben einer hohen Anzahl von RAM-Slots unterstützen diese besonders reichhaltigen Modelle meistens auch SLI und Crossfire. Die eher „normal" ausgestatteten Mainboards dieser Größenkategorie verzichten jedoch auf eine solche Vielfalt, wodurch die Hersteller diese auch zu meist deutlich niedrigeren Preisen anbieten können.

Micro-ATX-Mainboards eignen sich besonders für kompakte und platzsparende HTPC- und Midi-Tower-Gehäuse, wobei sie von Spielern mit besserer Ausstattung auch gerne zum Beispiel in Cube-Gehäusen eingesetzt werden.

✓ Mini-ITX-Mainboards

Größe: 17 cm breit und hoch
CPU-Sockel: meist 1 Sockel
Erweiterungsslots: meist 1 Slot
Arbeitsspeicherslots: meist 1 bis 2 Slots
Empfohlen für: Mini- und Cube-Gehäuse

Die kleinsten und normalerweise nur in besonders kleinen und kompakten Gehäusen anzutreffenden Mainboards basieren auf dem Mini-ITX-Formfaktor. Mit beinahe winzigen 17 Zentimetern in der Höhe und Breite sind diese zwar ebenfalls quadratisch, doch im Vergleich zu einem Micro-ATX-Mainboard deutlich kleiner und platzsparender.

© Asus

Mini-ITX-Mainboard

Aufgrund ihrer geringen Abmessungen können Mini-ATX-Mainboards im Vergleich zu den größeren Modellen nur wenig Features bieten. Allerdings weisen sie eine besonders hohe Energieeffizienz und somit einen je nach verbauten Komponenten sehr geringen Energieverbrauch auf.

Ein weiterer Pluspunkt ist die oftmals bereits von Haus aus deutlich bessere Kommunikationsfähigkeit des ITX-Mainboards. So ist es keine Seltenheit, dass solche Mainboards im Lieferumfang bereits einen WLAN-Chip und WLAN-Antennen enthalten. Auch hinsichtlich des Sounds müssen sie sich aufgrund ihrer Spezialisierung auf Multimedia-Bereiche nicht vor den größeren Mainboards verstecken.

Anders als E-ATX-, ATX- und Micro-ATX-Mainboards eignen sich Mini-ITX-Mainboards nicht wirklich zum Übertakten; auch als Basis für Spiele-PCs sind solche Boards denkbar ungeeignet. Der Grund dafür ist einfach: Durch ihre Multimedia-Ausrichtung werden Mini-ITX-Mainboards in besonders kleinen Gehäusen verbaut, wodurch weder Platz für eine gute Luftkühlung noch für aktive und ausreichend große CPU-Kühler vorhanden ist. Verwendet werden daher normalerweise sehr stromsparende und verhältnismäßig leistungsschwache Prozessoren. Auch eine zusätzliche Grafikkarte wird hier meistens nicht verbaut.

Mini-ITX-Mainboards eignen sich daher besonders für sehr kleine HTPC- und Mini-Gehäuse. Kombiniert mit stromsparenden und passiv gekühlten Komponenten ermöglichen sie einen lautlosen Betrieb. Dies stellt für viele Nutzer die Voraussetzung dar, im Wohnzimmer einen PC zu platzieren. Nicht selten wird ein PC im Wohnzimmer dafür eingesetzt, auch Filme abzuspielen, und nichts ist in der Kinoatmosphäre oder bei anderen multimedialen Anwendungen störender als nervende Lüftergeräusche. Durch die stromsparenden Komponenten steht auch einem Dauerbetrieb nichts im Wege. Nebenbei passen sich die kleineren HTPC-Gehäuse optisch perfekt dem Gesamtbild der vorhandenen Hi-Fi-Anlage an.

**Der Prozessor:
das Gehirn des Computers!**

Schon seit Beginn der modernen PC-Technik stellt der Prozessor (CPU) die Schaltzentrale für den Computer dar. Dabei gab und gibt es bis heute verschiedene Arten von CPUs, und die Entwicklung schreitet von Jahr zu Jahr weiter voran, wodurch Prozessoren von heute deutlich mehr leisten können als ihre zum Teil noch gar nicht so alten Vorgänger.

Neben dem weltweit bekannten Hersteller Intel bringt im PC-Segment unter anderem auch der Hersteller AMD Prozessoren auf den Markt. Beiden gemein ist leider eine besonders für Laien doch eher undurchsichtige Namensgebung, was viele Nutzer bei einer geplanten Erweiterung beziehungsweise Optimierung ihres Computers verwirren kann.

Doch was ist eigentlich ein Prozessor, und welche unterschiedlichen Modelle und Arten gibt es auf dem Markt?

Prozessoren gibt es inzwischen in einer sehr großen Vielfalt. Die meisten Prozessoren sind zwar universell für verschiedene Anwendungen nutzbar, doch nur mit der richtig dosierten Leistung wie auch Verlustleistung (Verbrauch / Abwärme) findet man das für sich passende Modell.
Während noch vor wenigen Jahren Prozessoren mit „nur“ ein bis zwei Kernen das Maß aller Dinge waren, hat sich die Anzahl der in einem Prozessor integrierten Kerne inzwischen deutlich erhöht. So finden sich im Endkundenbereich bereits Prozessoren mit vier, sechs und sogar acht real in das Prozessorgehäuse integrierten Kernen.
Der Begriff Kern (Core) ist übrigens tatsächlich wörtlich zu nehmen, da die Prozessorkerne für die eigentliche Arbeit zuständig und innerhalb der sogenannten DIE im Prozessorgehäuse untergebracht sind.
Neben den reinen Prozessoren gibt es inzwischen auch immer mehr Hybride, die auch einen GPU (Grafikprozessor) im Pro-

zessorgehäuse integriert haben. Dabei finden sich diese Hybrid-Prozessoren heute bereits in allen Bereichen wieder – sei es beim für den mobilen Einsatz gedachten oder beim stationär genutzten Prozessor.

Je mehr Kerne ein Prozessor besitzt, desto wärmer wird er oftmals. So wundert es nicht, dass optionale CPU-Kühler im Laufe der Zeit immer größer und leistungsstärker wurden. Hier stellt der Wechsel des Prozessors und der Austausch des darauf befindlichen Kühlers für den Nutzer die einfachste und effektivste Lösung zur Leistungssteigerung des Computers dar.

✓ Ultra-Low-Voltage-Prozessoren

Leistung: sehr gering bis gering
Leistungsaufnahme: meist zwischen 5 und 20 Watt
Taktfrequenz: meist zwischen 1.000 und 2.500 MHz
Beispiel: Intel Atom N2800 (6,5 Watt), AMD C60 (9 Watt), Intel Core i7 680UM (18 Watt)

© Intel

Intel Atom N2800 Prozessor

Ultra-Low-Voltage-Prozessoren sind am Markt relativ rar gesät und fast nur in für eine besonders lange Laufzeit konzipierten Notebooks anzutreffen. Die auch kurz als ULV-CPU bezeichneten Prozessoren beeindrucken heute durch eine automatische Anpassung der Taktrate (zum Beispiel über Intels Turbo-Mode-Technologie) und einen speziell im Idle-Modus extrem geringen Stromverbrauch.

Die meisten Prozessoren dieses Typs besitzen keinen Heatspreader. Sie sind daher relativ ungeschützt, da die DIE nicht durch einen zusätzlichen Kupfer-Deckel abgeschirmt ist. Dieser ist jedoch aufgrund ihres üblicherweise angedachten Einsatzzweckes auch nicht zwingend notwendig.

Je nach Ultra-Low-Voltage-Prozessor kann das damit ausgestattete Computersystem eine relativ gute Leistung aufbieten. Im Vergleich zu vielen Mobile- und Desktop-Prozessoren ist diese jedoch eher als gering einzustufen. Besonders leistungsstarke ULV-Prozessoren besitzen sogar mehrere Kerne und einen integrierten Grafikprozessor. Dank dieser Kombination ersparen sich die Hersteller oftmals speziell in Subnotebooks (Ultrabooks, Netbooks usw.) die Integration einer aufwändigen und meistens platzraubenden Kühllösung sowie eines separaten Grafikchips.

Gekühlt werden entsprechende Prozessoren meistens durch einen relativ flachen Kühleraufbau, wobei großflächig Heatpipes zur Verteilung der Abwärme eingesetzt werden. Mit Hilfe dieses Aufbaus ist zudem in manchen Notebooks eine passive Kühlung im Idle-Betrieb möglich.

Die Taktfrequenz von Ultra-Low-Voltage-Prozessoren liegt heute je nach Modell in der Regel zwischen 1.000 und 2.500 MHz.

✓ Mobile-Prozessoren (Low-Voltage-Prozessoren)

Leistung: mittelmäßig bis gut
Leistungsaufnahme: meist zwischen 20 und 60 Watt
Taktfrequenz: meist zwischen 1.500 und 3.000 MHz
Beispiele: AMD Phenom II X4 N970 (35 Watt), Intel Core i7 2820QM (45 Watt)

Die Mobile-Prozessoren (oder auch Low-Voltage-Prozessoren) stellen aufgrund ihrer Leistung bei einer dennoch recht geringen Stromaufnahme und Verlustleistung einen hervorragenden Kompromiss zwischen den extrem sparsamen Ultra-Low-Voltage- und den Desktop-Prozessoren dar.

Mobile-Prozessoren findet man nicht mehr nur in Notebooks, sondern auch in normalen Computern, Barebones, Mini-ITX- und HTPC-Systemen. Mit ihrer Leistung können sie mehr oder weniger alle einfachen Aufgaben im Office- und Multimediabereich mit Leichtigkeit erfüllen. Durch einen konsequenten Einsatz von zum Teil mehr als zwei Kernen und automatischen Taktanpassungen bei recht hohem Takt übertreffen Mobile-CPUs teilweise sogar manchen normalen Desktop-Prozessor.

Die Taktfrequenz von Mobile-Prozessoren liegt heute je nach Modell in der Regel zwischen 1500 und 3000 MHz.

✓ Desktop-Prozessoren

Leistung: mittelmäßig bis sehr gut
Leistungsaufnahme: meist zwischen 60 und 130 Watt
Taktfrequenz: meist zwischen 2.000 und 4.000 MHz
Beispiele: Intel Core i7 2600K (95 Watt), AMD A8-3850 (100 Watt)

Einer der wohl am weitesten verbreiten Prozessortypen ist der Desktop-Prozessor, der in verschiedenen Leistungsstufen (hinsichtlich der Geschwindigkeit, Anzahl der Kerne usw.) in mehr oder weniger allen Fertig-PCs und selbstgebauten Computersystemen eingesetzt wird.

Die Desktop-Prozessoren überzeugen je nach Modell mit einer zum Teil extrem hohen Leistung, die bisweilen auch ein simultanes Arbeiten an verschiedenen Projekten sowie sehr anspruchsvolle Anwendungen und Spiele problemlos möglich macht.

Die meisten Desktop-Prozessoren mit ein bis zwei Kernen sind je nach Modell sehr sparsam und somit auch relativ leicht zu kühlen. Sie eignen sich daher besonders gut für energieeffiziente und möglichst leise Computer zum Beispiel in Büroräumen oder am heimischen Arbeitsplatz. Wenn Sie jedoch eher leistungsstarke Programme (Spiele, Videoschnitt usw.) anwenden möchten, setzt ein sparsamer Desktop-Prozessor oftmals Grenzen, was die

Bearbeitungszeit anbelangt. In diesem Fall sollten Sie eher einen Desktop-Prozessor mit mehr als zwei Kernen wählen. Doch auch hier muss man zwischen den verschiedenen Modellen differenzieren.

© AMD, Technic3D

AMD A8 Prozessor

Falls das Betriebssystem und/oder die verwendete Software mit einem Mehrkernprozessor umgehen können, spürt man in einem normalen Computer die Leistung von vier oder mehr Kernen recht zügig. Dabei wird eine solche Leistungsreserve nicht nur von Spielen gut verarbeitet, auch Video- und Audioschnittprogramme verstehen sich heutzutage sehr gut auf die Verwendung mehrerer Kerne und nutzen diese zum Teil äußerst effizient aus. Das Resultat ist eine deutlich flüssigere Bedienung des Computers völlig ohne oder nur mit sehr kurzen Wartezeiten. Selbst das parallele Arbeiten bei aufwändigen Berechnungen ist mit modernen Prozessoren möglich. Im Gegensatz dazu konnte man sich bei älteren Computern auch einmal in Ruhe eine Tasse Kaffee holen, wenn der Computer aufgrund einer hohen Last wieder einmal die weitere Nutzung zunichtemachte. Im normalen Betrieb, beispielsweise beim Schreiben von Dokumenten oder auch beim Surfen im Internet, werden Sie jedoch kaum einen Unterschied zwischen einem Prozessor mit vielen oder eher weniger Kernen bemerken.

Besonders interessant an Desktop-Prozessoren ist jedoch nicht nur die breite Nutzung von mehreren Kernen, sondern die Tatsache, dass diese Kerne anders als die Mobile- und Ultra-Low-Voltage-Prozessoren deutlich höher getaktet sind. Mit Hilfe von viel größeren und leistungsstärkeren CPU-Kühlern spielt das Thema Abwärme bei Desktop-Prozessoren kaum mehr eine Rolle. Der Nutzer kann sich somit eher an den gebotenen Features und speziell natürlich an der reinen Leistung orientieren.

Auf das Thema Kühlung werden wir in einem Folgeband der Buchreihe **Technic3D – Computertechnik leichtgemacht** genauer eingehen und diese durchaus sehr komplexe Thematik detailliert aufzeigen.

Dank der in den meisten Computern bereits von Haus aus guten Kühlung ist auch eine Leistungssteigerung in Form der sogenannten Übertaktung möglich. War das Übertakten von Computern vor noch gar nicht so langer Zeit eher eine Aufgabe für technisch sehr versierte und erfahrene Nutzer, ist eine solche Leistungssteigerung heute selbst für Einsteiger ein interessantes und vor allem auch relativ einfach zu realisierendes Thema.

Die Hersteller von Prozessoren haben im Laufe der letzten Jahre auf diesen Trend reagiert und Prozessoren auf den Markt gebracht, die mit nur wenigen Klicks zum Teil deutlich im Takt verändert werden können. Falls die Kühlung mit einem guten CPU-Kühler sowie einer guten Wärmeleitpaste gewährleistet ist, können Prozessoren in der Zukunft mit einem höheren Kerntakt betrieben werden, wodurch eine gegebenenfalls anstehende Aufrüstung zumindest vorerst vermieden werden kann.

Die Taktfrequenz von Desktop-Prozessoren liegt heute je nach Modell in der Regel zwischen 2.000 und 4.000 MHz.

Anders als noch vor einigen Jahren geht der Trend heute nicht mehr zu höheren Taktfrequenzen, sondern in den Bereich der Mehrkerntechnologie. Achtkern- oder auch Zwölfkern-Prozessoren werden die nächsten CPU-Generationen im Desktopbereich dominieren.

Bastis Profi-Tipp:

Bei der Produktion von CPUs werden erst kurz vor der Fertigstellung die finalen Taktraten bestimmt. Günstigere Prozessoren können daher oft durch das Anpassen der Taktrate an die Leistung eines teureren Modells angeglichen werden.

CHECKLISTE:
Wie viele Prozessorkerne brauche ich?

Ich brauche ...

[ ] einen Kern.
Dieser ist ausreichend für das Schreiben und Lesen von Dokumenten, das Surfen im Internet oder auch das Hören von Musik. Je nach Modell relativ stromsparend.

[ ] zwei Kerne.
Damit kann der Computer auch mehrere Aufgaben gleichzeitig erfüllen, ohne dass die Wartezeit für den Benutzer allzu hoch wird. Spiele profitieren von zwei Kernen in der CPU oft deutlich.

[ ] mehr als zwei Kerne.
Hier geht dann die Post ab! Ob gleichzeitiges Ausführen mehrerer Programme, Spielen und die Bearbeitung von Musik, Grafiken und Videos – all dies ist sehr zügig möglich. Allerdings sind hier der Stromverbrauch und die Wärmeabgabe bei besonders schnellen Prozessoren am höchsten.

Die Grafikkarte: das Bindeglied zwischen Technik und Nutzer

Die in manchen Mainboards sowie in neueren Prozessoren (zum Beispiel im Intel Sandy Bridge) verbaute Grafiklösung ist zwar für eher technisch anspruchslose Spiele und Büroarbeiten meistens sehr gut geeignet. Separat erhältliche Grafikkarten weisen jedoch meistens eine deutlich bessere Leistung auf.

Die derzeit auf dem Markt befindlichen Grafiklösungen könnten in ihrem Aufbau, der Lautstärke, dem Preis und der gebotenen Leistung kaum unterschiedlicher sein. Man kann sogar sagen, dass es quasi für jeden gewünschten Anwendungsbereich die passende Lösung gibt. Im Gegensatz zu den eher leistungsärmeren (in manchen Mainboards und Prozessoren verbauten) Grafikchips sind viele Grafikkarten mit einem mehr oder weniger großen Kühlkörper ausgestattet. Dieser kühlt die Grafikkarte im laufenden Betrieb mit einem darauf befestigten Lüfter und verhindert so eine Überhitzung. Der Nachteil der aktiven Kühlung ist natürlich die daraus resultierende Lautstärke, die je nach Leistung und Beanspruchung der Grafikkarte relativ leise oder doch deutlich hörbar sein kann.

Neben der Leistung, der Lautstärke und dem Preis unterscheiden sich moderne Grafikkarten auch sehr stark in der Leistungsaufnahme. Sicherlich ist Ihnen im vorhergehenden Abschnitt bereits die große Diskrepanz zwischen den verschiedenen Prozessoren aufgefallen. Diese finden wir auch bei den Grafikkarten wieder, sie fällt hier sogar um ein Vielfaches größer aus.

Wenn Sie also neben den normalen Büroarbeiten und dem Surfen im Internet auch einmal ein (relativ aktuelles) Spiel oder andere grafikintensive Anwendungen ausprobieren möchten, sollten Sie sich Gedanken um eine ausreichend leistungsstarke Grafikkarte machen. Wie bei den Prozessoren und Mainboards ist auch hier nicht zwingend das Neueste und Teuerste die perfekte Wahl für Sie. Denn ob gemächlich oder besonders schnell – alle

Grafikkarten haben ihre Vor- und Nachteile, die vor dem Kauf abzuwägen sind.

Der Einbau einer Grafikkarte ist heutzutage selbst für Einsteiger erstaunlich leicht zu bewerkstelligen, da sie lediglich in einen freien zur Karte passenden Steckplatz auf dem Mainboard (in der Regel in einen freien x16-PCI-Express-Slot) gesteckt werden muss. Besonders leistungsstarke Grafikkarten benötigen zudem ein bis zwei 6-Pin- oder 8-Pin-Stromstecker vom Netzteil, da das Mainboard über den Steckplatz nur bedingt Energie zur Verfügung stellen kann.

Neben der immer weiter steigenden Leistungsfähigkeit können neue Grafikkarten auch mit einer fortlaufend verbesserten Technik (Strukturgröße) sowie der Unterstützung neuer Technologien (DirectX, OpenGL usw.) überzeugen. Gerade diese neuen Technologien sind es, die für viele PC-Nutzer eine Aufrüstung des Computers immer wieder erforderlich machen, wenn sie auch die neuesten Spiele in all ihrer Pracht genießen wollen.

In der nachfolgenden Aufzählung zeigen wir Ihnen die verschiedenen Typen von Grafikkarten mit ihren Vor- und Nachteilen auf. Ähnlich wie bei den Prozessoren ist auch bei den Grafikkarten für viele Nutzer eine Übertaktung interessant. Dabei gibt es jedoch in der Regel keine Modelle, die „frei nach Schnauze“ getaktet werden können. Bei den Grafikkarten bleiben nur zwei Wege: Die Übertaktung und der damit meistens verbundene Verlust der Garantie oder die Anschaffung einer bereits leistungsstärkeren oder vom Werk aus leicht übertakteten Grafikkarte.

✓ Low-End-Grafikkarten

Leistung: gering bis mittelmäßig
Leistungsaufnahme: meist zwischen 20 und 50 Watt
Preis: meist zwischen 50 und 100 Euro

Die Low-End-Grafikkarten gehören sicherlich zu den am meisten verwendeten Modellen, wobei sie größtenteils in Büro-PCs und leistungsärmeren Systemen zum Einsatz kommen. Dabei handelt es sich um Einstiegsmodelle, die einen verhältnisweise sehr

Eine Grafikkarte brauche ich nicht. Dazu habe ich meinen Kollegen, der ist Grafiker.
Lies mal das, dann wirst du schlauer.
TECHNIC
Der Weg zum eigenen Computer
TECHNIC

geringen Preis, eine geringe Leistungsaufnahme und Verlustleistung sowie eine oftmals kompakte Bauform aufweisen. Low-End-Grafikkarten sind jedoch nur bedingt für aktuelle Spiele oder gar grafikintensive Anwendungen empfehlenswert, da sie die Grenze ihrer Leistungsfähigkeit schnell erreichen.

Low-End-Grafikkarte

Viele Low-End-Grafikkarten sind deutlich kompakter als die großen Grafikkarten-Typen, wodurch sie selbst in kleinen Gehäusen verbaut werden können. Wir sprechen in diesem Fall vom Low-Profile-Format mit einer Platinenhöhe von rund 64,5 Zentimetern, wobei solchen Grafikkarten normalerweise auch eine zusätzliche Wechselblende im passenden Low-Profile-Format beiliegt.

Auch hinsichtlich der Anschlussvielfalt sind Low-End-Grafikkarten mit meistens nur zwei bis drei Anschlüssen Grenzen gesetzt. Manche Modelle weisen sogar nur einen Anschluss auf, wobei dieser in den meisten Fällen für eine möglichst hohe Kompatibilität als DVI-Anschluss ausgelegt ist.

Die Kühlung von Low-End-Grafikkarten variiert je nach Modell. Viele Grafikkarten werden von Haus aus von den Herstellern mit einem passiven Kühlkörper ausgestattet. Es kommt jedoch auch vor, das ein sehr kompakter Lüfter in den meistens ebenfalls kleinen Kühlkörper miteingebunden ist.

✓ **Mid-Range-Grafikkarten**

Leistung: mittelmäßig bis gut
Leistungsaufnahme: meist zwischen 50 und 150 Watt
Preis: meist zwischen 100 und 300 Euro

Zwischen dem Low-End- und High-End-Bereich ist eine nahezu endlose Zahl von Grafikkarten im sogenannten Mid-Range-Segment auf dem Markt. Diese bieten einen bestmöglichen Ausgleich zwischen Leistung, Preis, Energieverbrauch und Größe und stellen so für viele Anwender eine interessante Alternative dar.

© NVIDIA

Mid-Range-Grafikkarte

Gerade beim Preis-Leistungsverhältnis können Mid-Range-Grafikkarten auftrumpfen, da man hier bereits für 100 bis 300 Euro ausreichend Leistung für aktuelle Spiele und Anwendungen erhält. Neben dem Preis ist jedoch auch der Energieverbrauch ein Kriterium, der bei den Mid-Range-Grafikkarten zwar deutlich höher ist als bei den Low-End-Modellen, jedoch im Gegensatz zu den High-End-Grafikkarten relativ annehmbar ist.

Die Mid-Range-Grafikkarten besitzen in der Regel das normale Erweiterungskarten-Format (Full-length) mit einer Platinenhöhe von rund 10,7 Zentimetern. Daher lassen sie sich nur in Systemen verbauen, die ausreichend Platz für Erweiterungskarten zur Verfügung stellen.

Im Gegensatz zu den Low-End-Modellen weisen Mid-Range-Grafikkarten normalerweise mehr Anschlüsse auf, wobei die meisten Hersteller auf eine Kombination aus zwei DVI- und einem HDMI-Anschluss setzen. Alternativ oder zusätzlich zum HDMI-Anschluss wird in modernen Grafikkarten auch immer häufiger der (Mini-)Display-Port verwendet.

Hinsichtlich der Kühlung sind speziell die leistungsstärkeren Mid-Range-Modelle bereits recht gut ausgestattet. So sind nicht selten große Kühler mit einem darauf angebrachten Lüfter anzutreffen, wobei die Kühler oft kaum mehr etwas von der Platine erkennen lassen.

✓ High-End-Grafikkarten

Leistung: gut bis sehr gut
Leistungsaufnahme: meist zwischen 150 und 400 Watt
Preis: meist zwischen 300 und 800 Euro

Im Gegensatz zu den Low-End- und Mid-Range-Grafikkarten finden sich im High-End Segment die zum Teil extrem leistungsstarken und auch sehr großen Grafikkarten wieder. Je nach Modell ist hier selbst die Wiedergabe der neuesten Spiele ohne Verzicht auf Details mit Leichtigkeit realisierbar, wobei durchaus auch die Kombination mehrerer Grafikkarten beliebt ist.

Doch ungeachtet dieser horrend hohen Leistung sollten Sie bei High-End-Grafikkarten den daraus resultierenden hohen Energieverbrauch mit zum Teil weit über 300 Watt nicht vergessen. Auch die Wärmeentwicklung und der meistens recht hohe Preis stellen Argumente dar, die berücksichtigt werden sollten.

Der hohen Verlustleistung der High-End-Grafikkarten wird von den Herstellern mit besonders großen Kühlern begegnet. Manche Kühler besitzen dabei nicht nur einen, sondern teilweise sogar zwei oder drei Lüfter.

© Asus

High-End-Grafikkarte

Abgesehen von ihren Nachteilen begeistern High-End-Grafikkarten jedoch mit einer ganzen Reihe von Technologien, die in Verbindung mit der puren Rechenleistung absolut grandiose Ergebnisse auf den Bildschirm bringen können. Zusammen mit Dual-GPU-Grafikkarten, die statt einem gleich zwei Grafikkartenprozessoren auf meistens einer Platine besitzen, oder mehreren Grafikkarten im SLI- oder CrossfireX-Verbund kann die Leistung nochmals deutlich erhöht werden. Mit dieser Performance sind dann selbst die höchsten Auflösungen bei zeitgleicher Nutzung von möglichst hoch eingestelltem Antialiasing und anisotroper Filterung möglich.

Bastis Profi-Tipp:

Auch bei Grafikkarten werden die Modelle mitunter künstlich in der Leistung beschnitten, um mehr Vielfalt anbieten zu können. Je nach Modell ist auch hier über eine Taktsteigerung der GPU und der RAMs einiges an Mehrleistung zu erreichen.

Checkliste:
Welcher Grafikkartentyp passt zu mir?

Im Mainboard oder im Prozessor verbaut:

- [ ] Stromsparend und zudem perfekt für Multimedia-PCs. Für aktuelle Spiele jedoch nur bedingt geeignet.

Als Erweiterungskarte auf dem Mainboard:

- [ ] Low-End-Bereich: Diese Grafikkarten überzeugen vor allem durch ihren sehr geringen Preis und eine meist kompakte Bauform sowie durch zum Teil passive Kühlung. Die Leistung selbst ist hingegen eher schwach und nur für ältere Spiele geeignet.
- [ ] Mid-Range-Bereich: Bei den Mittelklasse-Grafikkarten liegt die Preisspanne schon deutlich höher, je nach Modell aber in einem durchaus fairen und angemessenen Rahmen. Im Vergleich zu den Low-End-Varianten bieten die Modelle aus der Mittelklasse eine deutlich bessere und meist sogar für aktuelle Spiele ausreichende Leistung.
- [ ] High-End-Bereich: Hier sind wir nicht nur leistungstechnisch, sondern auch im Preis auf dem höchsten Niveau angekommen. Gerade die ganz neuen Grafikkarten kosten kurz nach Veröffentlichung gerne einmal sechs-, sieben- oder gar achthundert Euro. Durch die kurzlebigen Produktzyklen sind aber gerade die High-End-Grafikkarten besonders dem Preisverfall ausgesetzt, so dass neue Grafikkarten zum Teil bereits innerhalb von wenigen Monaten stark im Preis sinken.

Der Arbeitsspeicher: das Kurzzeitgedächtnis des Computers!

Auf dem Arbeitsspeicher (RAM – Random Access Memory), speichert das Betriebssystem eine große Menge von Daten, die kurzfristig zur Ausführung von Programmen oder zur Zwischenspeicherung benötigt werden. Als typisches Beispiel für den Einsatz des Arbeitsspeichers kann hier das Verfassen eines Dokuments genannt werden. Ist der gerade geschriebene Satz doch nicht so gut, kann mit nur wenigen Tasten- oder Mausklicks der zuvor geschriebene und eigentlich bereits gelöschte Text wieder zum Vorschein gebracht werden. Beim Arbeitsspeicher handelt es sich also um das Kurzzeitgedächtnis des Computers.
Der verfügbare Arbeitsspeicher ist zum Beispiel auch bei der Ausführung von Spielen und bei der Bearbeitung von Videos äußerst wichtig. Grundsätzlich gilt: Je mehr Arbeitsspeicher im Computer verbaut ist, desto schneller können viele Programme die an sie gestellten Aufgaben bewältigen. Es geht nämlich rascher, wenn das Betriebssystem Daten auf dem schnellen Arbeitsspeicher zwischenspeichern kann, statt diese zeitraubend erst auf der Festplatte hinterlegen und dann von dort wieder einlesen zu müssen.

Es gibt verschiedene Arten von Arbeitsspeichern, wobei diese mit einer jeweils recht kurzen Bezeichnung und einer zusätzlichen Angabe zur Geschwindigkeit und Kapazität (zum Beispiel in Gigabyte, kurz GB) versehen sind.

Beim Kauf des neuen Arbeitsspeichers sollte immer die Unterstützung durch das Mainboard und den Prozessor geprüft werden, da diese in der Regel nur einen bestimmten Arbeitsspeicher-Typ wie zum Beispiel den heute oft eingesetzten DDR3-RAM unterstützen. Übrigens ist die Geschwindigkeit bei einem RAM-Riegel nicht ganz uninteressant, da eine höhere Geschwindigkeit (falls vom Mainboard unterstützt) auch eine schnellere Verarbeitung der Daten gewährleistet.

Im Laufe der Zeit gab es viele verschiedene Formen und Arten von Arbeitsspeichern. Auch in der Zukunft werden neue Varianten hinzukommen. Die verschiedenen Arbeitsspeicher variieren unter anderem in ihrem Anwendungsbereich. Die am häufigsten anzutreffenden Speicherriegel sind die sogenannten DIMM-Riegel (Dual Inline Memory Module), die mit rund 13 Zentimetern ein eher längliches Format aufweisen und auf beiden Seiten Speicherchips verbaut haben. Sie werden direkt auf dem Mainboard eingesteckt und sind in verschiedenen Arten (DDR, DDR2, DDR3 usw.) auf dem Markt erhältlich. Neben den normalen DIMM-Riegeln gibt es die SO-DIMM-Speichermodule (Small Outline Dual Inline Memory Module). Mit nur rund 7 Zentimetern sind diese RAM-Riegel deutlich schmaler und kommen normalerweise in Notebooks oder Barebones sowie Mini-ITX-Systemen zum Einsatz. Auch hier gibt es verschiedene Einteilungen hinsichtlich Typ und Geschwindigkeit / Kapazität.

Eine besondere Form des Arbeitsspeichers ist von Haus aus auf Grafikkarten verbaut. Anders als bei einzeln zu erwerbenden RAM-Riegeln verbauen die Hersteller hier zum Teil andere Arbeitsspeicher-Typen wie zum Beispiel den DDR5-Speicher.

Weitere Anwendung finden kompakte Speichermodule und -chips in Prozessoren oder in Festplatten beziehungsweise SSDs in Form eines Caches.

Die verschiedenen RAM-Module unterscheiden sich grob in den folgenden Punkten voneinander:

- Typ (z.B. DDR2, DDR3)
- Größe (z.B. 1.024 MB, 2.048 MB)
- Geschwindigkeit (z.B. 1.066 MHz, 1.333 MHz)
- Latenz (CL8, CL9).

Abhängig vom gewünschten Mainboard und Prozessor helfen diese Eckdaten bei der Auswahl des passenden Arbeitsspeichers. Ein Sockel 1155 Mainboard setzt zum Beispiel meist auf zwei bis sechs DDR3-Bänke, in denen Speicherriegel mit 1.066 MHz bis teilweise sogar über 2.500 MHz eingebaut werden können. Die maximale Menge an Arbeitsspeicher ergibt sich ebenfalls aus der Produktbeschreibung (Technische Daten) des Mainboards.

Ein interessantes Detail stellen übrigens die passiven Kühlkörper von RAM-Riegeln dar. Entgegen aller Marketing-Aussagen und Versprechungen bieten diese in der Regel keinerlei Vorteile für den Nutzer. Es ist daher absolut gleich, ob der für Sie in Frage kommende Arbeitsspeicher einen Kühlkörper besitzt oder ob man die Speicherchips aufgrund eines fehlenden Kühlers sehen kann. Ganz im Gegenteil: Mit Kühlern ausgestattete RAM-Riegel können sogar mehr Probleme als Nutzen für den Käufer mit sich bringen. So sind manche dieser Arbeitsspeichermodule nicht nur mit einem Kühler „ummantelt“, sondern auch deutlich höher als ihre Artgenossen, was gegebenenfalls eine Inkompatibilität beim Einbau von leistungsstarken CPU-Kühlern zur Folge hat. Auch werden Sie im Alltagsbetrieb in der Regel keinen Unterschied zwischen Arbeitsspeichern mit einer Latenz von zum Beispiel CL9 und CL7 feststellen. Dafür können Sie zum Teil eine spürbare Differenz im Preis bemerken. Enthusiasten und Übertakter nutzen jedoch gerne jeden noch so kleinen Vorteil, um auch das Letzte an Geschwindigkeit und besserer Kühlung aus den Komponenten herauszuholen, so dass am Ende auch diese Speicherkits ihre Daseinsberechtigung haben.

Interessanter sind hingegen die von den Herstellern angegebenen Spannungen, die ein Arbeitsspeicher vom Mainboard benötigt. Hier ist es durchaus empfehlenswert, wenn Sie einen Arbeitsspeicher aussuchen, der eine relativ geringe Spannung braucht. Eine niedrige Spannung resultiert in einem etwas sparsameren Betrieb und somit in einer spürbar geringeren Abwärme. So können einige Speicher durchaus mit 1,3 Volt betrieben werden, während andere Speicherkits für den reibungslosen Betrieb 1,65 Volt benötigen.

Bastis Profi-Tipp:

Je nach Anzahl der verfügbaren RAM-Slots ermöglichen viele Mainboards einen schnelleren Dual- oder Triple-Channel-Modus. Neu ist durch den Intel Sockel 2011 auch der Quad-Channel-Betrieb. Das Mainboard-Handbuch erklärt meist leicht verständlich, wie diese Funktion verwendet werden kann.

CHECKLISTE:
Wie viel Arbeitsspeicher brauche ich wirklich?

Ich brauche ...

- [ ] eine geringe Kapazität (z.B. 1 bis 2 GB).
  Für einfache Büroaufgaben sowie die Wiedergabe von Musik, Filmen oder das Surfen im Internet ist diese Arbeitsspeicher-Größe völlig ausreichend. In der Regel setzt sich diese Menge durch den Einsatz von ein bis zwei Modulen zusammen.

- [ ] eine mittlere Kapazität (z.B. 4 bis 8 GB).
  Für fast alle Spiele und anspruchsvolle Anwendungen eine mehr als ausreichende Größe. Auch die Bearbeitung von Musik, Grafiken und Fotos ist mit einer solchen Bestückung problemlos möglich.

- [ ] eine hohe Kapazität (z.B. 16 GB).
  Kann in Einzelfällen zu einer Beschleunigung von „hardwarehungrigen" Anwendungen führen.

- [ ] eine sehr hohe Kapazität (mehr als 16 GB, z.B. 24GB bis zu 128 GB).
  Solche Größen sind in der Regel nur bei Profi-Software im Videoschnitt, für aufwändige CAD-Arbeiten oder in speziellen Servern erforderlich. Im „normalen" Computer macht ein derart großer Arbeitsspeicher heutzutage wenig Sinn und ist in der Praxis kaum positiv spürbar.

Die Festplatte: das Langzeitgedächtnis des Computers

Im Gegensatz zu den RAM-Modulen, die Daten normalerweise nur kurzfristig aufbewahren, dient eine Festplatte (HDD – Hard Disk Drive) zur zeitlich mehr oder weniger unbegrenzten Speicherung. Dabei unterscheiden sich die verschiedenen Festplatten hauptsächlich in ihrer physikalischen und „inhaltlichen“ Größe.

Der Speicherplatz einer Festplatte wird in Gigabyte (GB) oder Terabyte (TB) angegeben. Je mehr Platz auf einer Festplatte zur Verfügung steht, umso mehr Dokumente und Medien kann der Benutzer auf ihr speichern. Neben diesen Daten wird die Festplatte auch als Speichermedium für Programme, Spiele und das Betriebssystem selbst genutzt.

Betrachtet man die heute erhältlichen Festplatten etwas genauer, fällt besonders das ungemein große Speichervolumen auf. Eine DVD bringt es zum Beispiel auf nur rund 4,6 Gigabyte, während eine handelsübliche Festplatte zum Beispiel mal eben 500 Gigabyte an Daten speichern kann. Kein Wunder also, dass selbst auf recht günstigen Festplatten-Modellen ganze Musiksammlungen und sogar unzählige Videofilme in Full-HD-Qualität untergebracht werden können.

Doch dies war nicht immer so. Noch vor ein paar Jahren waren Festplatten um ein Vielfaches teurer und mit vergleichsweise geringerem Speichervolumen ausgestattet. Im Laufe der Zeit sind die verfügbaren Volumina jedoch kontinuierlich gestiegen, die Preise jedoch entsprechend gefallen. Grundsätzlich gilt, dass in der Welt der Computertechnik Preise schnell einmal ansteigen können. Wie dies zum Beispiel im Jahr 2011 geschehen ist, können Probleme bei der Fertigung die Preise kurzfristig in die Höhe schnellen lassen. Allerdings empfiehlt es sich, in solchen Fällen beim Komponentenkauf nicht blindlings zuzuschlagen. Vielmehr sollte man warten, bis die Preise nach dem meist nur kurzfristigen Anstieg wieder sinken.

3,5-Zoll-Festplatten

Abmessungen: meist 102 mm breit, 26 mm hoch und 147 mm tief
Leistungsaufnahme: meist zwischen 5 bis 10 Watt unter Last
Geschwindigkeit: meist 7.200 U/Min
Größe: meist zwischen 100 bis 2.000 GB
Cache: meist 8 bis 64 MB

In den meisten Computern sind relativ schnelle Festplatten verbaut, in denen sich die sogenannten Plattern (Speicherscheiben) mit 7.200 Umdrehungen pro Minute drehen. Je nach Kapazität befinden sich in Festplatten ein oder mehrere dieser Plattern. Mit einer Größe von 3,5 Zoll finden sie in beinahe jedem Computergehäuse Platz. Ihre Beliebtheit verdanken sie ihrer gebotenen Leistung und dem hervorragenden Preis-Leistungs-Verhältnis.

© Western Digital

3,5-Zoll-Festplatte

Neben dieser Standard-Geschwindigkeit gibt es noch die sparsameren, leiseren und auch etwas langsameren Varianten mit zum Beispiel 5.200 Umdrehungen pro Minute. Richtig schnell geht es allerdings mit Festplatten mit satten 10.000 Umdrehungen pro Minute, wodurch jedoch oftmals auch eine höhere Lautstärke sowie spürbar mehr Vibrationen entstehen. Auch ist die Wärmeentwicklung eines solch schnellen Modells nicht zu unterschätzen.

Es gibt jedoch auch Nachteile, die die Verwendung solcher Festplatten zum Beispiel in Notebooks normalerweise unmöglich machen. So benötigen die schnellen 3,5-Zoll-Festplatten mit bis zu zehn Watt deutlich mehr Energie als ein Großteil der kleineren und meistens langsameren 2,5-Zoll-Modelle.

✓ **2,5-Zoll-Festplatten**

Abmessungen: meist 70 mm breit, 9,5 mm hoch und 100 mm tief
Leistungsaufnahme: meist zwischen 2 bis 5 Watt unter Last
Geschwindigkeit: meist 5.400 U/Min
Größe: meist zwischen 100 bis 1.000 GB
Cache: meist 8 bis 16 MB

© Western Digital

2,5-Zoll-Festplatte

Alternativ zu den 3,5-Zoll-Festplatten tummeln sich 2,5-Zoll- und selten auch 1,8-Zoll-Modelle auf dem Markt. Die 2,5-Zoll-Festplatten kommen in der Regel in Notebooks oder anderen portablen beziehungsweise sehr kompakten Geräten zum Einsatz. Durch die kleineren Abmessungen und die normalerweise deutlich geringere Leistung sind eine hohe Energieeffizienz sowie ein sehr geringer und meistens kaum hörbarer Betrieb charakteristisch für diesen Festplattentyp.

✓ **Externe Festplatten**

Abmessungen: unterschiedlich
Leistungsaufnahme: unterschiedlich
Geschwindigkeit: meist 5.400 bis 7.200 U/Min
Größe: meist zwischen 100 bis 2.000 GB
Cache: meist 8 bis 32 MB

Einen weiteren Anwendungsbereich stellen die externen Gehäuse mit bereits von Haus aus integrierten Festplatten dar. Hier finden sich häufig die 3,5-Zoll- und 2,5-Zoll-Varianten, wobei meistens Festplatten mit einer Geschwindigkeit zwischen 5.400 bis zu 7.200 Umdrehungen in der Minute verwendet werden.

Die 3,5-Zoll-Modelle bieten eine in der Regel höhere Geschwindigkeit und oft auch mehr Platz. Die kleineren und besonders für mobile Nutzung vorgesehenen 2,5-Zoll-Varianten sind etwas langsamer bei geringerem Speichervolumen, jedoch können sie im Gegensatz zu den größeren und manchmal sogar aktiv gekühlten 3,5-Zoll-Modellen ohne ein separates Netzteil betrieben werden.

Anders als die internen Laufwerke, werden die externen Festplatten nicht über SATA, sondern je nach Modell über eine der drei folgenden Schnittstellen angeschlossen:

- USB 2.0 bzw. USB 3.0,
- eSATA,
- Firewire.

Manche externe Festplatten bieten zusätzlich zu diesen Anschlüssen auch einen Netzwerkanschluss. Mit diesem können die Daten (bei entsprechender Unterstützung des externen Laufwerks) über das heimische Netzwerk verteilt und entsprechend zugänglich gemacht werden. Im Sprachgebrauch spricht man hier auch von einem NAS-Server.

© Western Digital

Externe Festplatte

✓ **SSDs (Solid State Drives)**

Abmessungen: unterschiedlich, meist 2,5 Zoll
Leistungsaufnahme: meist zwischen 1 bis 3 Watt
Geschwindigkeit: extrem hoch
Größe: meist zwischen 32 bis 600 GB
Cache: nicht benötigt

Seit geraumer Zeit kommen immer mehr lautlose SSD (Solid State Drives) Laufwerke auf den Markt. Anders als die normalen Festplatten basieren diese nicht auf Magnetscheiben, vielmehr ist in ihnen ein moderner Flash-Speicher verbaut. Dadurch kann eine SSD enorme Leistungen erreichen und im Verhältnis zu einer

WARNUNG!
OCZ SOLID STATE DRIVES SIND BEKANNT DAFÜR, DIE PERFORMANCE IHRES SYSTEMS IM VERGLEICH ZU HERKÖMMLICHEN FESTPLATTEN UM DEN FAKTOR 100 ZU ERHÖHEN. SEIEN SIE AUF FLOTTE DATENZUGRIFFE, SCHNELLERE BOOT-UPS, RASANTE DATENÜBERTRAGUNGEN UND HÖHERE PRODUKTIVITÄT GEFASST. WENN SIE DIESE UNGLAUBLICH SCHNELLE PERFORMANCE NICHT VERKRAFTEN KÖNNEN, BENACHRICHTIGEN SIE UNVERZÜGLICH EINEN ARZT. WIR EMPFEHLEN IHNEN AUF KEINEN FALL DEN SCHRITT ZURÜCK ZU EINER HDD, DA DIES ZU OCZ SSD-ENTZUGSERSCHEINUNGEN FÜHREN KANN.
OCTANE SERIES SOLID STATE DRIVES
OCTANE
OCTANE SATA 2.0
INDILINX INFUSED
• 2,5 "Formfaktor
• SATA 3.0 6Gb/s and SATA 2.0 3Gb/s
• MLC NAND Flash
• Available in 128GB – 512GB
INDILINX INFUSED
OCZ Technology
OCZTECHNOLOGY.COM
the SSD experts!
ERHÄLTLICH BEI:
alternate.de
amazon.de
arlt.com
atelco.de
caseking.de
conrad.de
cyberport.de
digitec.ch
ditech.at
hoh.de
jacob-elektronik.de
kmelektronik.de

normalen Festplatte teilweise eine um ein Vielfaches höhere Leistung bieten. Doch diese modernen Schreib- und Lesemedien haben ihren Preis, der wie die Leistung ebenfalls ein Vielfaches über dem von normalen Festplatten liegt.

Weitere Vorteile beim Einsatz einer SSD sind die äußerst geringen Latenzen, ein sehr niedriger Energieverbrauch sowie ein in der Regel lautloser Betrieb.

Neben den SSDs, die in ihrer Form einer Festplatte recht ähnlich sind, gibt es auch Versionen in Form einer Erweiterungskarte. Diese werden wie eine Grafikkarte einfach in einem freien Slot untergebracht und können anschließend ohne weitere Kabel verwendet werden. Auch versuchen sich einige Hersteller an sogenannten Hybridlösungen, mit denen die Vorteile von Festplatten und SSDs vereint werden sollen, meistens jedoch nur mit eher mäßigem Erfolg.

© OCZ

SSD Laufwerk

Da die SSD-Technologie noch in den Kinderschuhen steckt und langsam aber sicher auch in preislich erschwingliche Bereiche vorrückt, wird mit hoher Wahrscheinlichkeit ihre Kapazität im Laufe der nächsten Jahre bei niedrigeren Preisen deutlich steigen.

Bastis Profi-Tipp:

Die Kombination aus einer SSD und einer normalen Festplatte stellt aktuell eine der schnellsten und sinnvollsten Varianten beim Bau des eigenen Computers dar. Günstiger, aber etwas langsamer ist der alleinige Einsatz von herkömmlichen Festplatten.

CHECKLISTE:
Welches Speichermedium ist ideal für mich?

Ich brauche ...

- [ ] eine 1,8-Zoll- bzw. 2,5-Zoll-Festplatte, wenn in meinem Gehäuse oder Notebook kein Platz für eine größere Festplatte vorhanden ist oder ich eine besonders sparsame und leise Festplatte suche.
- [ ] eine 3,5-Zoll-Festplatte, wenn ich eine möglichst hohe Leistung kombiniert mit einem hohen Speichervolumen benötige und in meinem Computersystem ausreichend Platz für den Einbau solcher Laufwerke habe.
- [ ] eine SSD, wenn ich Leistung satt bei niedrigem Stromverbrauch und ohne Lautstärkebelästigung will und mich der vergleichsweise höhere Preis nicht abschreckt.
- [ ] eine Festplatte und eine SSD, wenn ich alle Vorteile nutzen möchte, die im Augenblick machbar sind, und der Preis dabei eine untergeordnete Rolle spielt.

Das externe Laufwerk: zuständig für das Abspielen und Speichern von Medien

Der Begriff des Laufwerks umfasste vor mehreren Jahren lediglich Datenträger, die man in Form einer Diskette, CD oder DVD in den PC einlegte, um neue Programme zu installieren, Daten auf diese Laufwerke zu schreiben („brennen“) oder Spiele, Musik und Filme am heimischen PC zu genießen. Heute jedoch fällt eine ganze Reihe von Produkten in die Sparte der externen Laufwerke, wobei die über viele Jahre hinweg dominierenden Silberscheiben (CD, DVD und auch die neuen Blu-rays) zumindest im PC-Bereich immer mehr in den Hintergrund rücken.

Externe Festplatten, USB-Sticks und virtuelle Laufwerke im Internet (Cloud-Drives) haben mittlerweile mit Leichtigkeit die früher gängigen Laufwerke verdrängt. So wundert es nicht, dass viele PC-Nutzer heute eher selten das meistens laute und zudem gefühlt oft recht langsame Laufwerk mit einer CD oder DVD bestücken – ist doch der Griff zum nächsten Speicherstick viel einfacher. Auf den teilweise bereits extrem kleinen Sticks lassen sich die gespeicherten Daten nicht nur abspielen, auch das Speichern neuer Daten ist einfach und mit nur wenigen Mausklicks realisierbar. Besonders die USB-Sticks erfreuen sich einer immer größer werdenden Beliebtheit, da sie inzwischen für wenig Geld mit einer beinahe schon erstaunlichen Speichergröße, die auch DVDs und manche Blu-rays übertrifft, zu haben sind. Außerdem passen USB-Sticks mit ihrer geringen Größe in fast jede noch so kleine Tasche.

Abgesehen von den USB-Sticks und -Festplatten hat die überwiegende Zahl aller Computer-Laufwerke das seit vielen Jahren bestehende 5,25-Zoll-Format, das CD-, DVD- und Blu-ray-Laufwerke aufnehmen kann, in einem Gehäuse eingebaut. In der Regel besitzt ein in diesem Schacht verbautes Laufwerk einen Laufwerkseinschub, der auf Knopfdruck aus- und eingefahren werden kann.

© LG

Blu-ray-Laufwerk

5,25-Zoll-Laufwerke finden sich auch in mobilen und kompakten Geräten wie Notebooks und HTPCs. Dadurch dass diese Geräte in ihren Abmessungen jedoch deutlich geringer sind, bieten sie in der Regel keinen Platz für diese rund vier Zentimeter hohen Laufwerke. Daher gibt es parallel zu den Standardhöhen auch sogenannte Slim-Laufwerke, die mit weniger als eineinhalb Zentimeter Höhe erstaunlich platzsparend sind.

Neben den 5,25-Zoll-Laufwerken existieren noch die inzwischen kaum mehr anzutreffenden 3,5-Zoll-Modelle (zum Beispiel für Disketten). Wegen ihrer extrem geringen Speicherkapazität sind Disketten heute jedoch mehr oder weniger ausgestorben und müssen daher beim Computerkauf normalerweise nicht mehr bedacht werden.

Die meisten heutzutage erhältlichen Laufwerke werden über die IDE-, SATA-, eSATA-, Firewire- oder USB-Schnittstelle mit dem Computer verbunden.

Bastis Profi-Tipp:

USB-Sticks können nicht nur als Speichermedium verwendet werden. Mit neuen Techniken können Betriebssysteme schnelle USB-Sticks zur Beschleunigung des Systems verwenden. In Windows geschieht dies mit der „ReadyBoost“-Funktion.

Checkliste:
Welche Vorteile bieten mir die verschiedenen externen Laufwerke?
Welche dieser Laufwerke benötige ich?

Ich brauche ...

[ ] ein Laufwerk, das CDs und DVDs abspielen und gegebenenfalls auch beschreiben kann, da fast alle Anwendungen und Spiele auf diesen Datenträgern im Handel erhältlich sind. Auf einer DVD können bis zu 8,5 GB an Daten gespeichert werden. Auch sind die Kosten für ein solches Laufwerk inzwischen sehr gering.

[ ] ein Laufwerk, das CDs, DVDs und Blu-rays abspielen und gegebenenfalls auch beschreiben kann. Blu-rays sind heutzutage fast ausnahmslos bei hochauflösenden Filmen anzutreffen. Besonders interessant ist ein solches Laufwerk daher für HTPC-Systeme. Auf einer Blu-ray können bis zu 128 GB an Daten gespeichert werden. Preislich ist das Blu-ray-Laufwerk jedoch deutlich teurer als sein CD/DVD-Pendant.

[ ] einen USB-Stick, der ohne zusätzliche Medien die Daten mit wenigen Klicks speichern und wiedergeben kann. Im Laufe der letzten Jahre sind die Kapazität und die Geschwindigkeit von USB-Sticks rasant gestiegen. Ein weiterer Vorteil stellt ihr geringer Preis dar: Sie müssen nur etwas mehr als einen Euro pro Gigabyte ausgeben.

Das Netzteil: das Energiekraftwerk des Computers!

Das Netzteil versorgt die im Computer verbaute Hardware mit dem nötigen Strom. Dabei wird das Netzteil selbst mit Hilfe eines Kaltgerätekabels, wie man dies auch von anderen elektrischen Geräten wie zum Beispiel Monitoren oder Druckern kennt, mit einer Steckdose verbunden. Sobald der Computer eingeschaltet wird, beliefert das Netzteil alle daran angeschlossenen Komponenten mit der nötigen Energie. Dabei wird im Computer mit einer Spannung von „nur“ 3,3 bis 12 Volt gearbeitet.

Netzteile gibt es in verschiedenen Leistungsklassen und Größen. Die meisten Netzteile werden im sogenannten ATX-Format hergestellt und in Computern verbaut, wobei besonders leistungsstarke Modelle in ihrer Länge gerne auch einmal von der ATX-Standardgröße (140 bis 160 mm in der Tiefe) abweichen.

Im Inneren eines Netzteils findet sich neben verschiedenen Bauteilen wie zum Beispiel dem Filter, der Transistorschaltstufe oder dem Transformator normalerweise auch ein Lüfter. In den meisten Netzteilen wird vom Hersteller ein 120-mm- beziehungswiese 140-mm-Lüfter integriert. Es gibt jedoch auch Modelle, die auf der Innenseite einen kompakteren 80-mm-Lüfter oder gar eine Zwischenlösung mit 135 mm besitzen. Ein solcher Lüfter sorgt für die Kühlung der im Netzteil verbauten Komponenten.

Der Einbau des ATX- wie auch des etwas kompakteren Micro-ATX-Netzteils gestaltet sich recht einfach und kann auch von Einsteigern problemlos vorgenommen werden. Der Nutzer muss dabei am Netzteil keinerlei Modifikationen oder Einstellungen vornehmen. Auch besteht bei ordnungsgemäßer Nutzung dank diverser Sicherheitsvorschriften normalerweise keine Gefahr.

Moderne Netzteile bieten neben den ATX- und EPS-Anschlüssen für das Mainboard auch eine Vielzahl von 4-Pol-Molex-, SATA- und PCI-Express-Anschlüssen. So lassen sich das Mainboard, die

Laufwerke und eine gegebenenfalls vorhandene zusätzliche Grafikkarte leicht mit Energie versorgen, falls das Netzteil eine ausreichend hohe Leistung zur Verfügung stellt.

Die bei PC-Netzteilen anzutreffende Leistung fängt im niedrigen dreistelligen Bereich an und endet je nach Modell bei weit über 1.000 Watt. Natürlich sind solch extrem leistungsstarken Netzteile nur für absolute High-End-Computer mit entsprechendem Leistungsbedarf sinnvoll.

© Seasonic

Netzteil

Um den Einbau und die anschließende Nutzung eines Netzteils zu erleichtern, gibt es seit einigen Jahren auch Modelle mit einem sogenannten Kabelmanagement. Hier werden nur die Kabel an das Netzteil angeschlossen, die auch tatsächlich benötigt werden, was letztendlich hilft, Kabelgewirr zu vermeiden. Beim Kabelmanagement gibt es jedoch verschiedene Ausführungen, wobei sogar Netzteile existieren, an die bei Lieferung gar kein festes Kabel angesteckt ist – diese sind quasi vollkommen modular aufgebaut.

Die Wahl des richtigen Netzteils kann mitunter relativ langwierig sein. Viele Hersteller von Festplatten, Grafikkarten oder Prozessoren geben die maximale Verlustleistung beziehungsweise Leistungsaufnahme der jeweiligen Komponente an. Mit diesen Werten können Sie grob abschätzen, welche Netzteil-Leistung in Watt und/oder Ampere für Sie in Frage kommt. Ist Ihnen ein Wert nicht bekannt, versuchen Sie diesen durch nach oben abgerundete Werte ähnlicher Komponenten abzuschätzen.

Ein Netzteil sollte unter Last nicht bis an sein Limit belastet werden. Ähnlich wie bei hohen Drehzahlbereichen im Auto sollten Sie auch hier vermeiden, dieses Limit auszureizen. Dies erhöht die Lebenserwartung Ihres Netzteils entsprechend und kann auch einen effizienteren Betrieb bei geringerer Auslastung zur Folge haben.

Hinsichtlich der Effizienz gilt auch hier: Je höher diese beim Netzteil angegeben ist, desto besser und effizienter arbeitet dieses je nach Last. Eine möglichst hohe Effizienz wirkt sich unter anderem in Form einer leichteren und leiseren Kühlung sowie eines geringeren Stromverbrauchs aus.

Die unabhängige Organisation 80 PLUS prüft regelmäßig Netzteile auf ihre tatsächliche Effizienz. Achten Sie daher beim Kauf ruhig auf ein gegebenenfalls vorhandenes 80 PLUS Siegel. Die Prüfstelle verwendet wie im Sport Gold-, Silber- und Bronze-Auszeichnungen zur Klassifizierung. Ein 80 PLUS Gold-Siegel ist zum Beispiel deutlich besser als ein 80 PLUS Bronze-Siegel. 80 PLUS Siegel ohne Zusatzvermerk sagen lediglich aus, dass das Netzteil eine Effizienz von mehr als 80 Prozent besitzt. Neu hinzugekommen sind 80 Plus Platin Netzteile, die bei 20, 50 und 100 Prozent Last eine Effizienz von mindestens 90, 94 und 91 Prozent aufweisen müssen.

Beachten Sie bei der Wahl des richtigen Netzteils zudem, dass die angegebene Watt-Leistung ein kombinierter Wert ist, da sich die Leistung eines Netzteils in die folgenden Volt-Schienen aufteilt:

- eine oder mehrere 12-Volt-Leitungen,
- eine 5-Volt-Leitung,
- eine 3,3-Volt-Leitung.

Bastis Profi-Tipp:

Runden Sie bei der groben Einschätzung der benötigten Leistung immer großzügig auf. Um anschließend genügend Leistung für zukünftige Aufrüstungen oder gar Übertaktungen zu besitzen, sollten Sie nochmals rund 100 Watt extra hinzurechnen.

CHECKLISTE:

Welche Netzteil-Leistung brauche ich ungefähr?

Ich brauche in der Regel ...

[ ] rund 100 bis 250 Watt für einen Media-PC beziehungsweise Homeserver. Zur Wiedergabe von Musik und Videos ist ein solcher Computer meistens problemlos geeignet.

[ ] rund 300 bis 450 Watt für einen Arbeits-PC, der für das Spielen nicht oder nur bedingt geeignet ist. Andere Aufgaben erledigt der Computer in der Regel relativ leicht.

[ ] rund 500 bis 650 Watt für einen einigermaßen leistungsstarken Computer, um mit diesem neben alltäglichen Aufgaben rechenintensivere Spiele und Anwendungen auszuführen.

[ ] rund 700 bis 1000 Watt für einen High-End-Computer mit einem besonders leistungsstarken Prozessor sowie ein bis zwei Grafikkarten aus der Oberklasse. Mit Hilfe eines solchen Systems können fast alle Anwendungen und Spiele in optimaler Qualität ablaufen.

NEU: Jetzt erhältlich!
80 PLUS PLATINUM
PLATINUM
– SERIES
Advanced DC Power Conversion Technology for Ultimate Performance
San Ace SANYODENKI
12V 12V 5V 3.3V DC to DC
2% Stable Voltage
Hybrid 0RPM
Module Cable
860w / 1000w
ECO+ AWARD
GOLD AWARD
12/2011 TECHNIC3D.com
02/2012 TOP-PRODUKT Seasonic Platinum 1000W Hardware
02/2012 PC Games & Hardware
www.seasonic.com
Seasonic®
80 PLUS GOLD
X-SERIES
80PLUS ® Gold Certified Super High Efficiency
High Quality 105°C Cap
Full Modular Cabling
Patented DC connector Module
Honeycomb Structure
1050w / 1250w
Erhältlich u.a. bei:
ALTERNATE
ARLT COMPUTER
ATELCO Computer
cyberport
DiTech
K&M SHOP COMPUTER
SNOGARD Computer-World
Mindfactory.de
winner COMPUTER

Kühler und Lüfter: wichtig für die nötige Klimatisierung

Das Problem kennt man von fast allen elektrischen Geräten, die eine Weile im Betrieb sind: Sie erwärmen sich zum Teil sehr stark. Der Grund hierfür ist die sogenannte Verlustleistung (Abwärme), die durch die aufgenommene Energie entsteht. Daher besitzen besonders leistungsstarke Computersysteme auch eine deutlich höhere Verlustleistung als beispielsweise normale Bürorechner oder HTPCs.

Es ist ungemein wichtig, dass die in einem Computer verbaute Hardware ausreichend gekühlt wird. Je kühler die Komponenten gehalten werden können, desto stabiler wird das System, und die Lebenserwartung der Hardware steigt zum Teil rapide an. Ist zum Beispiel eine Festplatte kontinuierlich einer hohen Temperatur ausgesetzt, wird diese mit hoher Wahrscheinlichkeit deutlich früher einen Defekt aufweisen.
Aus diesem Grunde wurden für so gut wie alle Hitzequellen im Computer passende Kühllösungen konzipiert, sei es der CPU-Kühler für den Prozessor oder meist große und ausladende Kühler für die Grafikkarte.

Grundsätzlich gilt, dass ein großer Kühler je nach Aufbau eine bessere Kühlleistung erzielt als ein kleiner Kühlkörper.

Die besonders kühlungsintensiven Komponenten sind:

- der Prozessor,
- die Grafikkarte,
- das Mainboard (in der Regel passiv),
- das Netzteil (Lüfter in der Regel nicht wechselbar),
- die Festplatten.

Jeder Computer entwickelt eine mehr oder weniger starke Abwärme, die sich bei fehlender oder ineffizienter Kühlung im Gehäuse staut und oftmals bereits nach kurzer Zeit zu Überhitzungen oder sogar Defekten führen kann.

Daher sollte grundsätzlich die Belüftung des Gehäuses oberste Priorität besitzen, da die besten Kühler keinerlei Wirkung erzielen können, wenn die von ihnen abgegebene Wärme lediglich im Raum steht. Die gängigste und meistens erfolgversprechendste Methode zur Gehäusekühlung ist das „Ansaugen“ von kühler Luft in der Front sowie das „Herausblasen“ der im Computer erwärmten Luft an der Rückseite sowie im Deckel.

Neben dem Gehäuse müssen natürlich auch die anderen aufgezählten Komponenten gekühlt werden. Praktisch alle Grafikkarten, Mainboards und Prozessoren werden von Haus aus mit einem passenden Kühler ausgestattet. Diese Kühler sorgen dafür, dass die erworbene Hardware auch unter einem Last-Betrieb keine Hitzeschäden davonträgt. Und doch ist es besonders bei den Prozessoren sinnvoll, die angebotene Kühlung zu überdenken, da oftmals die bereits montierten oder beigelegten (Boxed-)Kühler nur bedingt für die gebotene Leistung ausreichen und zudem gerne etwas lauter als gewünscht arbeiten.

Bei Prozessoren unterteilen sich die verfügbaren optionalen Kühler mit wenigen Ausnahmen in die Tower- und Top-Flow-Kühler. Die größeren Tower-Kühler stellen mit ihrer Masse und Kontaktfläche, der meist enormen Größe und ihrem Aufbau das Maß der Dinge bei den Luftkühlern dar. Je nach Modell können Sie einen Prozessor mit einem solchen Kühler deutlich leichter und leiser kühlen als mit kleineren oder anders aufgebauten Kühlern. Der Nachteil vor allem der besonders leistungsstarken Varianten liegt jedoch in einem teilweise sehr hohen Gewicht und einer nicht bei jedem Gehäuse passenden Höhe. Im Gegensatz dazu sind die Top-Flow-Kühler meistens etwas flacher und deutlich kompakter, da die Luft nicht parallel zum Mainboard durch den CPU-Kühler strömt, sondern direkt in Richtung des Prozessors und der umliegenden Bauteile geleitet wird. Allerdings sind diese Kühler in der Regel etwas leistungsschwächer. Besonders interessant sind Top-Flow-Kühler aber für Media-PCs und HTPCs, da sie mit ihrer geringen Höhe selten Schwierigkeiten beim Einbau verursachen.

Optimieren kann man die Kühlung zudem mit Hilfe einer leistungsfähigeren Wärmeleitpaste. Hier sind neben den normalen Pasten auf Silikon-Glycerin-Basis besonders Wärmeleitpasten auf Flüssigmetallbasis zu empfehlen. Durch diese wird die Abwärme des

Prozessors schnell und effektiv an den Kühler und anschließend an die Umluft abgegeben.

Wie der CPU-Kühler lassen sich auch die Kühler von Grafikkarten austauschen, wenn diese zu laut oder nicht leistungsstark genug sind. Doch besonders bei den Grafikkarten ist Vorsicht geboten, da ein solcher Umbau zum einen die Garantie und Gewährleistung zum Erlöschen bringt und zum anderen lediglich bei Modellen funktioniert, die nach Referenzdesign gefertigt wurden. Dieses Referenzdesign geben die eigentlichen Grafikkartenhersteller wie zum Beispiel AMD und NVIDIA vor.

Allen Kühlern gemein ist in der Regel ein entweder optional oder von Haus aus bereits verbauter Lüfter. Wie am Gehäuse sorgt er auch hier für den nötigen Airflow, um die von den Lamellen und Kühlblöcken aufgenommene Abwärme so zügig wie möglich abzutragen. Allerdings sollten Sie die von Herstellern angegebenen Leistungs- und Lautstärke-Angaben mit einer gewissen Skepsis betrachten. Für einen einigermaßen objektiven Vergleich finden Sie bei **Technic3D** unser großes Lüfter-Special, das wir mit Hilfe unserer Lüfter-Teststation kontinuierlich mit neuen Testergebnissen vervollständigen.

Neben der Luftkühlung ist auch die Kühlung mit Wasser eine Alternative, um den Computer auf einem möglichst niedrigen Temperaturniveau zu halten. Im nachfolgenden Band unserer Buchreihe **Technic3D – Computertechnik leichtgemacht** werden wir auch auf die Wasserkühlung näher eingehen und detailliert den Aufbau und die Nutzung aufzeigen.

Bastis Profi-Tipp:

Unter den High-End-Wärmeleitpasten können wir zum Beispiel Pasten aus Flüssigmetall oder Metallpads empfehlen. Sie haben meistens die besten Kühleigenschaften.

Eingabegeräte

Die Eingabegeräte zur Steuerung des Computers

Mäuse und Tastaturen sind schon immer ein fester und kaum mehr wegzudenkender Bestandteil des Computers. Ohne sie war und ist die Steuerung eines „normalen“ Computers so gut wie unmöglich, da sie dem Nutzer in jeder Hinsicht die Kontrolle über das PC-System ermöglichen. Doch gerade in den letzten Jahren haben beim Computer neue Technologien und Innovationen Einzug gehalten, die je nach Anwendungsgebiet die Maus und auch zumindest die physische Tastatur verdrängen.

Moderne Eingabegeräte sind heute erstaunlich kompakt und mit verschiedenen Zusatzfunktionen und Techniken ausgerüstet. Je nach Art des Eingabegeräts sind diese entweder im Gerät integriert oder extern mit Hilfe eines Kabels oder gar kabellos angeschlossen. Jedes Eingabegerät spricht dabei ganz bestimmte Zielgruppen an. So gibt es neben Eingabegeräten für die normale Steuerung des Computers und Büroarbeiten auch besonders spezialisierte Modelle für die Grafik-, Sound- und Videobearbeitung oder eigens für die Ausführung von Spielen. Letztere können oft mit einer besonders hohen Anzahl von zusätzlichen Tasten aufwarten, die dem Spieler unter Umständen einen entscheidenden Vorteil beim „Gamen“ verleihen können.

Neben den verschiedenen Tasten und Funktionen beinhalten viele Eingabegeräte inzwischen zum Teil äußerst hochauflösende Sensoren, die jede Bewegung und Interaktion des Nutzers im Detail registrieren und anschließend umsetzen. Doch nicht nur bei den Sensoren hat sich einiges getan. Dank der immer weiter fortschreitenden Entwicklung der kabellosen Datenübertragung spürt man bei aktuellen externen Eingabegeräten kaum mehr Verzögerungen, wenn diese ohne Kabel verwendet werden.

Doch welche Eingabegeräte gibt es, und wofür kann man diese besonders gut verwenden?

Mann, mein Computer ist heute wieder langsam.
Da drin steht, wie's schneller geht.
TECHNIC
Der Weg zum eigenen Computer
TECHNIC

✓ **Die Maus**

Anbindung: PS/2, USB, kabellos (Bluetooth, Funk usw.)
Eingabe: Tasten, Scrollrad, Touchpad, Sensor
Anwendung: für fast alle Anwendungen nutzbar

Die Maus ist für die Interaktion mit Symbolen und Schaltflächen sowie zur Steuerung von Anwendungen und Spielen zuständig.

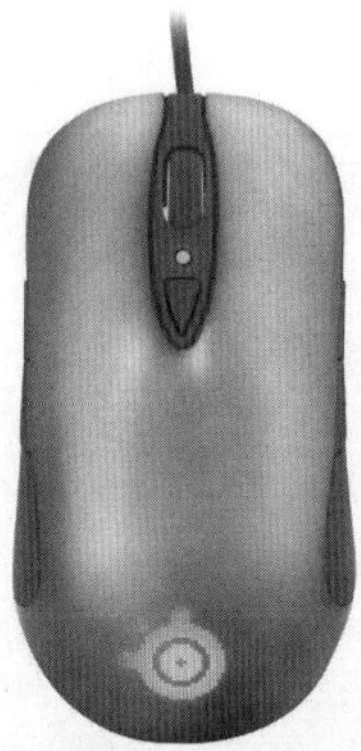

© SteelSeries

Maus

Je nach verbautem Sensor sind Computermäuse auf unterschiedlichen Oberflächen verwendbar. Neben der heute kaum mehr anzutreffenden Kugelmaus (eine Maus mit einer integrierten Kugel) gibt es auf dem Markt verschiedene optische Techniken mit Leuchtdioden und Lasern zur Abtastung der Oberflächen. Zum Teil finden sich in einer Maus auch zwei Sensoren, die durch einen sich unterscheidenden Abtastwinkel eine noch bessere Genauigkeit gewährleisten sollen. Besonders die Laser-Sensoren können dank einer immer genaueren Auflösung selbst die kleinsten Bewegungen optimal registrieren und an den Computer weiterleiten. Die Erhöhung der Abtastrate ist einer der Hauptgründe für diese Verbesserung. Lag diese vor einigen Jahren noch deutlich unter 1.000 DPI, erreicht sie heute zum Teil bereits weit über 5.000 DPI. Anders als bei Monitoren beziehungsweise Grafiken bezieht sich die DPI-Zahl hier jedoch nicht auf den Druckpunkt, sondern auf einen imaginären „Schritt“ pro Zoll. Je höher die DPI-Zahl also ist, desto genauer tastet die Maus die entsprechende Oberfläche ab.

Bei der Anschaffung einer Maus sind jedoch nicht nur die Anzahl an Tasten, die verbaute Technik und die Abtastrate des Sensors entscheidungsrelevante Kriterien, auch eine besonders ergonomische Form, die Optik und die Handhabung sind besonders wichtige Kaufgründe für viele Nutzer. Daher findet man besonders bei Mäusen die unterschiedlichsten Formen auf dem Markt. Manche sind äußerst schlicht und aufgrund ihrer Symmetrie für Links- und Rechtshänder geeignet, andere hingegen fallen allein schon durch ihr individuelles Design und eine besonders ergonomische Form auf, die dann aber auch entweder nur für Links- oder nur für Rechtshänder geeignet ist. Neben der besonderen ergonomischen Form warten immer mehr Modelle mit speziellen Lackierungen und Beleuchtungen auf. Hatte noch vor einigen Jahren nur der Sensor für eine gewisse Grundbeleuchtung am Boden der Maus gesorgt, sind heute beleuchtete Mausräder, Logos und Ausschnitte in der Oberfläche keine Seltenheit mehr.

Eine normale Standard-Maus besitzt heute zwei bis vier Maustasten sowie ein Scrollrad, das vertikal zum Scrollen und Blättern verwendet werden kann. Modelle für Spieler und andere in dieser Hinsicht anspruchsvolle Anwendungen haben oftmals zusätzliche Maustasten, die zudem durch die mitgelieferte Treibersoftware vom Nutzer frei definiert werden können. Auch lassen bei höherwertigen Modellen Scrollräder neben der vertikalen Abtastung auch ein horizontales Scrollen zu. Manche Mäuse bieten auch statt einem „normalen“ Scrollrad ein kompaktes Touchpad. Besonders beliebt bei Spielern: Mit Hilfe von Makros können Tastenabfolgen aufgezeichnet beziehungsweise von vorneherein festgelegt werden. Dies hilft zum Beispiel, um besonders schnelle oder komplizierte Aktionen mit nur einem Mausklick durchführen zu können.

In Verbindung mit einer Maus benötigen Sie normalerweise ein Mauspad. Mauspads gibt es in verschiedenen Größen und Formen, auch im Material unterscheiden sie sich stark. Achten Sie beim Kauf darauf, dass die Mausunterlage gute Gleiteigenschaften (damit die Maus auf dem Mauspad nicht stockt), eine möglichst hochwertige Verarbeitung sowie eine für Sie beziehungsweise Ihren Schreibtisch ausreichende Größe aufweist.

Eine moderne Maus wird via USB-Kabel, alternativ auch kabellos an den PC angeschlossen. Beim kabellosen Betrieb wird vom Großteil der Modelle die Funk- oder Bluetooth-Schnittstelle bevorzugt. Es gibt aber auch einige Exoten, die zum Beispiel über eine direkte WLAN-Verbindung mit dem Computer kommunizieren.

Bastis Profi-Tipp:

Mauspads aus Metall kosten zwar in der Regel etwas mehr, zeigen jedoch auch nach einer längeren Nutzungsdauer kaum Abnutzungs- oder gar Auflösungserscheinungen. Zudem kühlen sie im Sommer angenehm das Handgelenk des Nutzers.

CHECKLISTE:
Welche Maus ist die richtige für mich?

Ich brauche eine Maus ...

- [ ] die kabellos ist, da ich beim Bedienen des Computers mit der Maus nicht durch ein Kabel eingeschränkt sein möchte.
- [ ] die viele programmierbare Tasten besitzt, damit ich in Spielen noch einfacher auf sonst nur schwer ausführbare Befehlsabfolgen oder in der Hektik nur bedingt erreichbare Tasten Zugriff habe.
- [ ] die beleuchtet ist, damit sie sich von der „grauen Masse“ abhebt und meinen Computer noch individueller nach meinen Wünschen gestaltet.

✓ **Die Tastatur**

Anbindung: PS/2, USB, kabellos (Bluetooth, Funk usw.)
Eingabe: Tasten, Touchpad
Anwendung: für fast alle Anwendungen nutzbar

Die Tastatur dient primär der Eingabe von Text sowie der Steuerung des Computers durch sogenannte Shortcuts (Tastenkombinationen) und besonders häufig genutzte Tasten. Typische Beispiele für solche Tasten sind die Enter-, Space- und Backspace-Taste. Auch werden sehr häufig die bei praktisch jeder Tastatur vorhandenen Richtungstasten verwendet.

Die verschiedenen physischen Tastaturen unterscheiden sich hauptsächlich durch ihre Haptik, das heißt durch eine mehr oder weniger angenehme Wahrnehmung des Materials und der Tastenformen beim Berühren und Bedienen, sowie durch die zur Verfügung stehenden Features und ihren technischen Grundaufbau.

© SteelSeries

Tastatur

Durch Druck auf die Tasten der Tastatur wird eine bestimmte Aktion ausgelöst. Der Großteil der am Markt zu findenden PC-Tastaturen setzt dabei auf die sogenannte Rubber-Dome-Technik: Hier sitzt eine kompakte und elastische Kuppe aus Silikon oder Gummi unter dem Taster. Dank dieser Technik können Tastaturen zum Teil sehr flach gehalten werden. Alternativ dazu gibt es die

mechanischen Tastaturen, die unter den in der Regel deutlich höheren Tasten jeweils einen mechanischen Taster und eine (Spiral-)Feder besitzen. Bei spielbegeisterten Anwendern stehen mechanische Tastaturen derzeit hoch im Kurs, daher werden von einigen Herstellern speziell für diese Zielgruppe Anpassungen in den für Spiele häufig benötigten Tastaturkombinationen vorgenommen.
Im Grunde genommen erledigen beide Aufbauten ihre Arbeit in ähnlicher Art und Weise, und doch gibt es viele kleine und größere Unterschiede. Mechanische Tastaturen haben zum Beispiel eine deutlich höhere Lebenserwartung, was die Zahl der Tastenanschläge anbelangt. Rubber-Dome-Tastaturen können dagegen mit besonders leisen Tastenanschlägen und kompakten Maßen überzeugen.

Auch Tastaturen können inzwischen immer häufiger besonders aufwändige Beleuchtungseffekte aufweisen, seien es beleuchtete Tasten, um diese auch nachts gut zu erkennen, oder je nach eingestelltem Profil eine Hintergrundbeleuchtung.

Zum Teil werden moderne Tastaturen sogar mehr oder weniger halbiert, um den meistens auf der rechten Seite befindlichen Nummernblock abkoppeln und auf Wunsch variabel einsetzen zu können. Bei kompakten Notebooks wird der Nummernblock übrigens manchmal auch komplett gestrichen, da schlichtweg kein Platz mehr dafür vorhanden ist.

Alternativ zu normalen Tasten gibt es inzwischen auch Modelle mit Touchpads und Touchscreens.

Neben den rein physischen Tastaturen, die an einen Computer angeschlossen werden, gibt es immer mehr bereits in kompakte und mobile Geräte eingelassene Tastaturen und virtuelle Ableger. Typische Beispiele hierfür sind Smartphones und Tablets, die zumeist eine Tastatur auf dem Display erscheinen lassen.

Physische Tastaturen und die PC-Mäuse werden meistens über den USB-Anschluss beziehungsweise eine kabellose Schnittstelle angeschlossen. Ältere Standards wie zum Beispiel der PS/2-Anschluss werden hier kaum noch verwendet und von modernen Mainboards immer öfter gar nicht erst angeboten.

CHECKLISTE:
Welche Tastatur ist die richtige für mich?

Ich brauche eine Tastatur ...

- [ ] die kabellos ist, da mich lange und oftmals auch störrische Kabel an einer Tastatur behindern können. Dank moderner Akku-Technik halten kabellose Tastaturen mittlerweile ausreichend lange.
- [ ] die beleuchtet ist, da ich die Tastatur auch im Dunkeln gut erkennen und zudem meinen Computer gerne etwas individueller gestalten möchte.
- [ ] mit einer besonders ergonomischen Anordnung der Tasten, da ich zum Beispiel beruflich über einen längeren Zeitraum viele Texte damit schreiben muss.
- [ ] die mit möglichst vielen Sondertasten ausgestattet ist, damit ich sie auch für multimediale Zwecke einsetzen kann.

✓ Touchpad und Touchscreen

Anbindung: USB, intern
Eingabe: Gesten, bis zu 10 Finger
Anwendung: Für fast alle Anwendungen nutzbar

Die bereits bei den Tastaturen und Mäusen angesprochenen Touch-Elemente gewinnen immer mehr an Bedeutung und gehören mittlerweile beinahe schon zu unserem Alltag. Viele Smartphones, Tablets und auch Bildschirme lassen inzwischen eine Steuerung des daran angeschlossenen Systems über eine schlichte Berührung durch den Nutzer zu.

Konnten anfänglich nur ein bis zwei Finger zur Steuerung verwendet werden, können moderne Bedienfelder inzwischen bis zu zehn Finger gleichzeitig registrieren und selbst entsprechend koordinierte Bewegungen erkennen.

Es gibt derzeit zwei besonders häufig anzutreffende berührungsempfindliche Bedienfelder auf dem Markt. Zum einen ist dies das Touchpad, das in Notebooks als Mausersatz eingesetzt wird. Ein solches Touchpad dient lediglich zur Eingabe, wobei das Ergebnis dieser Eingabe auf einem separaten Monitor oder Display angezeigt wird. Außerdem wird diese Technik oft auch in Grafiktablets angewendet. Hier erfolgt das „Zeichnen“ jedoch nicht mit Hilfe der Finger, vielmehr kann bei einem Grafiktablet mit speziellen Stiften beinahe wie auf Papier gearbeitet werden. Der Touchscreen hingegen kombiniert die Ausgabe direkt mit der Eingabe des Nutzers, so dass dieser sozusagen den Mauszeiger mit seinem Finger über den Bildschirm ziehen kann. Besonders beliebt ist diese Form der Steuerung derzeit bei Smartphones und Tablets, wobei hier zum Teil fast gänzlich auf die Steuerung mit Hilfe zusätzlicher Tasten verzichtet wird.

Doch nicht nur die Nutzung solcher Bedienelemente ist eine besonders einfache und auch innovative Angelegenheit. Auch die Technik hinter Touchpads und Touchscreens hat sich im Laufe der letzten Jahre immer weiter verbessert.

Die meisten Touchscreens besitzen heute ein kapazitives oder resistives Display. Kapazitive Touchscreens bestehen aus einem Glassubstrat, das mit einem normalerweise nicht sichtbaren Metalloxid beschichtet ist. Über eine anliegende Spannung wird ein elektrisches Feld erzeugt, das Berührungen wahrnimmt und an das Computersystem zur Weiterverarbeitung leitet. Im Gegensatz hierzu reagieren die resistiven Touchscreens auf Druck, der zwei übereinanderliegende Schichten punktuell verbindet.

Touchpads und Touchscreens werden in der Regel von Haus aus fest in einem Gerät verbaut und haben somit keinen eigenen Anschluss zur variablen Nutzung an verschiedenen Geräten. Es gibt jedoch auch einige exotische Modelle, die den Anschluss eines externen Touchpads oder sogar auch Touchscreens via USB ermöglichen.

✓ Der Joystick

Anbindung: USB, Kabellos (Bluetooth, Funk usw.)
Eingabe: Tasten, Regler, Sensor
Anwendung: Flugsimulationen, Spiele

Joysticks gibt es bereits seit einigen Jahrzehnten, und trotz immer weiter verbesserter Technik und Flexibilität anderer Geräte ist der Joystick noch immer ein sehr beliebtes und häufig verwendetes Eingabegerät. Besonders gerne wird er in Simulationen und Spielen verwendet, wenn es zum Beispiel darum geht, ein Flugzeug zu steuern. Ähnlich wie ein Joystick funktioniert das sogenannte Gamepad, das mit zwei Händen bedient und besonders bei Spielkonsolen gerne verwendet wird.

Im Grunde genommen besteht ein herkömmlicher Joystick aus einem Steuerknüppel sowie mehreren Tasten, die grundlegende Funktionen ausführen. Doch viele Joysticks bieten heute weitaus mehr, da ähnlich wie bei den Mäusen inzwischen sehr viele Tasten und Schalter hinzugekommen sind. Besonders erwähnenswert sind hier die Schubregler (Throttle) und der Coolie-Hat. Letzterer wird in den meisten Simulationen für eine Rundumsicht verwendet, um immer den nötigen Überblick zu gewährleisten. Die Steuerung des Flugzeugs selbst zum Beispiel erfolgt je nach Aufbau des Joysticks durch das Bewegen des Steuerknüppels. Bei digitalen Modellen wird die Richtung des Steuerknüppels durch optische oder elektrische Sensoren mit 2 Bit ermittelt. Bei analogen Joysticks hingegen wird der anliegende Winkel des Steuerknüppels durch Potentiometer oder wahlweise auch Optokoppler gemessen, wobei die daraus folgenden Daten pro Achse in der Regel 8 Bit ergeben. Neben der immer anzutreffenden X- und Y-Achse gibt es bei aktuellen analogen Joysticks auch eine Z-Achse, welche die Drehung des Steuerknüppels darstellt. Um für die nötige Realitätsnähe zu sorgen, finden sich in vielen Joysticks kleine Motoren, die mit Hilfe von Vibrationen Effekte wie das Rütteln auf einem besonders holprigen Bodenbelag einer Start- und Landebahn simulieren.

Angeschlossen werden moderne Joysticks über den USB-Anschluss. Einige Modelle erlauben zudem den Betrieb über eine kabellose Schnittstelle.

Hin und wieder werden Joysticks auch in einem extrem kompakten und vereinfachten Format in Notebooks sowie in mobilen Spielekonsolen und Smartphones verwendet.

✓ Das Lenkrad

Anbindung: USB
Eingabe: Tasten, Regler
Anwendung: Rennsimulationen, Spiele

Ähnlich wie der Joystick ist auch das Lenkrad ein seit geraumer Zeit verfügbares Eingabegerät, das fast ausnahmslos für Simulationen und Rennspiele verwendet wird.

© Microsoft

Lenkrad

Das Lenkrad besitzt meistens auch Schaltwippen für die Gangschaltung sowie zusätzliche Tasten, um bestimmte Funktionen innerhalb eines Spiels schnell ausführen zu können. Die Tasten können in der Regel problemlos den eigenen Wünschen angepasst werden. Viele Lenkräder werden zudem gemeinsam mit Pedalen verwendet, die dem Spieler neben einem Force-Feedback-Effekt ein möglichst realistisches Fahrgefühl geben sollen. Auch das Lenkrad und die Pedale werden normalerweise über ein USB-Kabel mit dem Computer verbunden. Kabellose Modelle sind hier meistens nicht zu finden.

✓ **Die Gestensteuerung**

Anbindung: intern (zum Beispiel über eine Webcam)
Eingabe: Gesten
Anwendung: Spiele, grundlegende Steuerung von Anwendungen

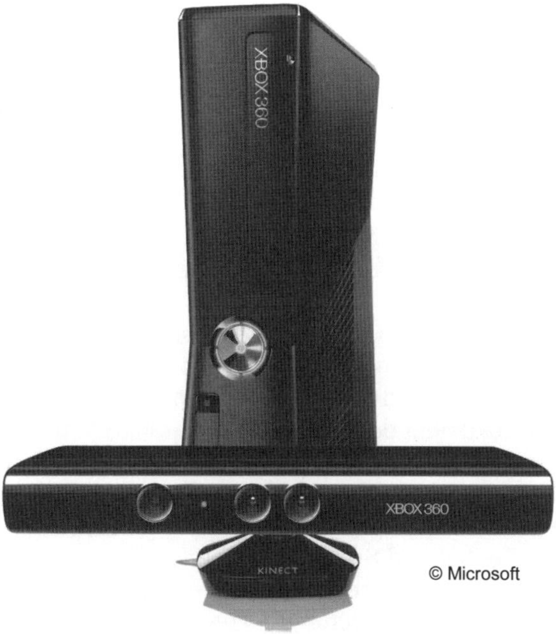

Gestensteuerung

Die Gestensteuerung, eine interessante und zukunftsweisende Steuerungsart des Computers, steckt aktuell noch in den Kinderschuhen. Sie wird derzeit noch auf unterschiedlichem Wege interpretiert und verarbeitet, doch in fast allen Fällen werden die Bewegungen des Nutzers (mit Hilfe einer meistens kompakten Kamera) oder speziell seiner Hände (mit Hilfe von Sensoren) verfolgt und an den Computer weitergeleitet.

Kannte man eine solche Steuerung bis vor kurzem nur aus Science-Fiction-Filmen, erfreuen sich neue Systeme mit Hilfe einer oder mehrerer Kameras und Sensoren nun zumindest im Ansatz den aus dem Film bekannten Möglichkeiten. In Zukunft dürfte diese Form der Eingabe mit Hilfe von zusätzlichen Projektionstechnologien gegenüber vielen anderen Eingabegeräten an Bedeutung gewinnen. Noch ist sie jedoch eher rar gesät und meistens nur bei wenigen Spielekonsolen anzutreffen.

✓ Der Scanner

Anbindung: USB
Eingabe: Sensor, Tasten
Anwendung: Digitalisierung von Medien (Printmedien usw.)

Ein Scanner bei den Eingabegeräten? Ja, denn letztendlich gehört auch der Scanner zur Familie der Eingabegeräte.

Die meisten Computerbesitzer haben bereits mit einem Scanner gearbeitet oder besitzen sogar ein entsprechendes Modell. Dabei kommt der Scanner in der Regel dann zum Einsatz, wenn man ein gedrucktes Dokument oder Foto digitalisieren, d.h. in den Computer einlesen und als Datei speichern möchte. Der im Scanner verbaute Sensor tastet die zum Digitalisieren eingelegten gedruckten Medien einseitig ab und wandelt diese anschließend mit Hilfe der installierten Treiber und Software in eine Datei um.
Gesteuert wird ein Scanner normalerweise mit Hilfe von wenigen Tasten beziehungsweise durch die Treibersoftware.

Es gibt im Alltag viele Formen von Scannern, denen wir sogar fast täglich über den Weg laufen. Neben den Scannern für den heimischen Computer besitzt zum Beispiel jedes Faxgerät eine Scaneinheit. Auch der aus den Supermärkten bekannte Barcodescanner macht nichts anderes, als die ihm zur Verfügung gestellten Daten (Strichcode) mit den eingebauten Sensoren (Dioden, Laser) zu erfassen und weiterzuleiten.

Der PC-Scanner wird fast ausschließlich über USB am Computer angeschlossen. Hinsichtlich der Bauform gibt es verschiedene Typen von Scannern. Beliebt sind auch die sogenannten Multifunktionsgeräte, d.h. die Kombination von Scanner und Drucker, oft auch Kopierer und Fax in einem Gerät.

Ausgabegeräte

Die Ausgabegeräte des Computers

Damit der Nutzer auch sieht, was er gerade am Computer tut, werden verschiedene Ausgabegeräte benötigt. Fing dies in den Anfangszeiten der PC-Technik noch mit schlichten Ausdrucken an, entwickelte sich der Monitor innerhalb kurzer Zeit zum Standard bei der Ausgabe der vom Computer berechneten Daten. Heute sind Computersysteme ohne einen Monitor (auch Display genannt) kaum mehr vorstellbar. Wie groß das entsprechende System auch ist, sei es ein Smartphone oder ein Bürorechner, die Ausgabe erfolgt immer über ein möglichst großes Display.

Doch neben den verschiedenen Monitoren konnten sich auch einige andere Ausgabegeräte durchsetzen, wobei sich deren Einsatzzwecke zum Teil stark voneinander unterscheiden.

✓ Der Röhrenmonitor (CRT)

Anbindung: VGA (Analog)
Auflösung: keine native Auflösung, meist 4:3 Format
Handling: meistens sehr wuchtig und schwer
Stromverbrauch: zum Teil sehr hoch

Die schweren und meistens recht wuchtigen Röhrenmonitore (Cathode Ray Tube) sind heute kaum mehr im Handel anzutreffen, und doch hat mancher Nutzer noch immer einen solchen Monitor zu Hause an seinem Computer stehen.

Den größten Nachteil dieser bereits in die Jahre gekommenen Monitor-Generation stellte der hohe Energieverbrauch dar. Das Gewicht und die Abmessungen führten dazu, dass sie zum Teil kaum mehr allein transportierbar waren. Auch waren viele Röhrenmonitore anfällig für magnetische Einflüsse und wiesen zumindest bis zur TCO 99 Norm noch elektromagnetische Felder und eine geringe Röntgenstrahlung auf.

Röhrenmonitor

Doch neben den Nachteilen hatten die älteren Röhrenmonitore auch Vorteile, da sie eine blickwinkelunabhängige Betrachtung ermöglichten und einen sehr guten Schwarzwert hatten, d.h. die Farbe Schwarz wurde auch tatsächlich als Schwarz und nicht als Grau wiedergegeben. Gerade diese beiden Aspekte konnten von den moderneren Flachbildschirmen lange Zeit nicht oder nur bedingt erreicht werden.

Der Anschluss von Röhrenmonitoren erfolgte in der Regel analog über den VGA-Port.

✓ Der Flachbildschirm (LCD)

Anbindung: meist DVI, HDMI oder DisplayPort (Digital)
Auflösung: hohe native Auflösung, meist 16:9 oder 16:10 Format
Handling: platzsparend, zum Teil sehr leicht
Stromverbrauch: gering bis mittelmäßig

In den letzten Jahren wurden die wuchtigen und schweren Röhrenmonitore durch deutlich platz- und stromsparendere Flachbildschirme ersetzt.

Beim Flachbildschirm spricht man im Allgemeinen auch von einem Liquid Crystal Display (LED). Bei einem solchen Monitor wird die Ausrichtung von Flüssigkristallen über eine anliegende Spannung beeinflusst, wodurch sich die Polarisationsrichtung des Lichts ändert. Das Ergebnis ist besonders flaches Display, das je nach Auflösung und verwendetem Panel eine sehr gute Ausgabe der Daten über die Grafikkarte ermöglicht.

© Asus

LCD-Flachbildschirm

Im Vergleich zum Röhrenmonitor zeichnen sich Flachbildschirme nicht nur durch ihre geringere Größe und das dadurch stark gesunkene Gewicht aus, auch das Betrachten der Bildschirminhalte ist für das menschliche Auge angenehmer, da ein LCD nicht flimmert und in der nativen, vom Hersteller empfohlenen Auflösung des Endgerätes sehr scharf ist.

LCD-Monitore gibt es heute in verschiedenen Formen und Größen, wobei auch die Beleuchtung, die Reaktionszeit, die Farbwiedergabe und auch der Blickwinkel immer weiter optimiert werden. Hatten hier am Anfang die Röhrenmonitore noch deutliche Vorteile, können Flachbildschirme auch in diesen Bereichen immer mehr aufholen.

Hinsichtlich der Beleuchtung setzten die ersten LCD-Monitore noch auf Leuchtstoffröhren, die jedoch im Laufe der Jahre an Leuchtkraft verlieren können. Besser lösen dieses Problem die LEDs, die in neueren LCD-Monitoren zum Einsatz kommen und außerdem sparsamer sind.

Ein moderner Flachbildschirm wird in der Regel über den DVI-, HDMI- beziehungsweise auch DisplayPort-Anschluss mit dem Computer verbunden. Auch der ältere VGA-Anschluss ist manchmal noch zu finden, wobei hier eine Wandlung des analogen in ein digitales Signal erfolgt.

Bastis Profi-Tipp:

An modernen Grafikkarten können teilweise mehr als drei Monitore gleichzeitig angeschlossen werden, um bei Anwendungen und Spielen mehr „Arbeitsfläche“ zu erhalten. Der Hersteller AMD zum Beispiel nennt die dazu passende Technik „Eyefinity“.

✓ Der Beamer

Anbindung: USB, DVI, HDMI
Auflösung: je nach Modell, z.T. native Auflösung (LCD, LED usw.)
Handling: je nach Modell
Stromverbrauch: meist relativ hoch

Der Beamer hat nichts mit Science-Fiction zu tun, sondern stellt lediglich einen Sammelbegriff für verschiedene große und eher kompakte Videoprojektoren dar. Anders als noch vor einigen

Jahrzehnten sind Beamer heute durchaus in der Lage, hochauflösendes Quellmaterial mit guter Leuchtstärke an Leinwände oder andere möglichst weiße Flächen zu projizieren.

Es gibt verschiedene Beamer auf dem Markt, die sich größtenteils den Röhren-, DLP-, LCD- und LED-Projektoren zuordnen lassen.

Die Röhrenprojektoren weisen aufgrund ihrer hohen Kontraste und naturgetreuen Darstellung zwar eine gute Darstellungsqualität auf, doch durch ihre Größe und Einrichtungszeit sind sie nicht für den mobilen oder variablen Betrieb geeignet. Auch sind die Preise für Röhrenprojektoren vergleichsweise recht hoch, wodurch sich die Anschaffung für die meisten Nutzer kaum lohnt.

DLP-Projektoren weisen ebenfalls einen noch guten Schwarzwert auf und eignen sich durch das fehlende Nachleuchten auch für die Darstellung von 3D-Inhalten. Allerdings können DLP-Projektoren je nach Darstellung flimmern und zudem durch die notwendige Kühlung störend wirken. Auch hinsichtlich der Farbtreue und Lichtleistung sind viele DLP-Projektoren nur bedingt empfehlenswert.

© Asus

DLP-Beamer

Die LCD-Projektoren besitzen, wie es der Name bereits vermuten lässt, meistens drei bis vier kleine LCD-Panels. Deren auf unterschiedlichen Farben basierende Ausgabe wird anschließend mit einem Projektionssystem vereint. Solche Projektoren sind heute je nach Ausstattung relativ günstig und zudem aufgrund ihres geringen Gewichts und ihrer kompakten Abmessungen auch für den mobilen Einsatz geeignet. Doch auch hier ist die Lichtleistung zumindest bei den günstigeren Modellen nur bedingt zufriedenstellend. Ebenso kann die Lautstärke des integrierten Lüfters aufgrund der anfallenden Verlustleistung störend sein.

Die noch relativ neuen LED-Projektoren setzen je nach Modell auf die Technik eines DLP- oder LCD-Projektors, nutzen als Lichtquelle jedoch LEDs. Günstige Geräte weisen jedoch nur eine vergleichsweise recht geringe Leuchtstärke von nur wenigen hundert ANSI Lumen auf.

Beamer werden heutzutage meistens via USB oder DVI/HDMI mit dem Computer verbunden.

✓ Der Drucker

Anbindung: USB, Kabellos (Bluetooth, WLAN), Speicherkarten
Auflösung: meist 300 bis 9600 DPI
Handling: für den stationären Betrieb ausgelegt
Stromverbrauch: meistens gering, jedoch oft hohe Druckkosten

Ähnlich wie der Scanner bei den Eingabegeräten gehört der Drucker zu den Ausgabegeräten. Natürlich unterscheidet sich ein Drucker grundlegend von der Funktionalität eines Bildschirms oder Projektors, weswegen man ihn mit diesen Geräten eigentlich kaum vergleichen kann.

War der professionelle Druck vor geraumer Zeit nur für wenige Nutzer möglich, können heute bereits ganz „normale" Drucker hochauflösende, zum Teil randlose Ausdrucke in verschiedenen Formaten liefern. Dabei wird ein solcher Ausdruck zum Teil in nur wenigen Sekunden erstellt.

Viele aktuell auf dem Markt erhältliche Drucker gehören zu den Tintenstrahldruckern, bei denen die Druckfarbe in der Regel in relativ kompakten Tanks eingefüllt ist. Je nach Modell können diese Tanks auch einzeln ausgetauscht werden, wenn nur eine Farbe zur Neige geht.

Eine Alternative zum Tintenstrahldrucker sind die normalerweise deutlich teureren Laser- und LED-Drucker, bei denen die „Farbe" anstatt mit Tinte über Toner auf das Papier gebracht wird. Die meisten dieser Modelle drucken lediglich schwarz-weiß, doch es sind auch (noch relativ teure) Farb-Laser-/LED-Drucker erhältlich, die durch den Einsatz mehrerer Farbtoner in einem Gerät farbig drucken können.

Moderne Drucker werden über das USB-Kabel und oftmals auch über ein bereits integriertes WLAN-Modul an den Computer angeschlossen. Manche Modelle bieten zudem eine Bluetooth-Schnittstelle und/oder einen Slot für verschiedene Speicherkartenformate, wie man sie in Digitalkameras findet.

Wie wir bei den Scannern bereits erwähnt haben, erfreuen sich Multifunktionsgeräte, die neben dem eigentlichen Druck (inklusive Direktdruck auf CD oder DVD und Druck von digitalen Fotos) auch über eine Scan-, Kopier- und Faxfunktion verfügen, großer Beliebtheit. Auch können Dokumente gleich in eine PDF umgewandelt und direkt per E-Mail versendet werden. Vor allem in heimischen Netzwerken im Zusammenspiel mit W-LAN kommen diese multimedialen Allrounder häufig zum Einsatz.

Der Zusammenbau des Computers

Welche Komponenten brauche ich und woher bekomme ich sie?

Ob der Kauf der ausgewählten Hardware in einem Fachgeschäft, Online-Shop oder gar beim Discounter erfolgt, muss jeder für sich selbst entscheiden. Es lohnt sich jedoch, wenn Sie sich vorab über den Anbieter und seine Preise (im Vergleich zu den Wettbewerbern) informieren. Auch sollten Sie unbedingt einen Blick auf die zusätzlichen Kosten (Versand, Zahlungen usw.) sowie die Zahlungsbedingungen werfen.

Doch erst einmal müssen Sie überlegen, welche Komponenten Sie für Ihren Computer benötigen. Sortieren Sie Ihre Zusammenstellung nach Kategorien, um eine bessere Übersicht zu erlangen. Ihre Auflistung könnte zum Beispiel wie folgt aussehen:

- ein Gehäuse,
- eine Tastatur,
- eine Maus inkl. Mauspad,
- ein Monitor,

- ein Mainboard,
- ein Prozessor,
- ein oder mehrere Arbeitsspeichermodule,
- eine Grafikkarte,

- eine Festplatte,
- ein DVD- oder Blu-ray-Laufwerk,
- ein Netzteil,
- die Software.

Im Internet ist der oben angesprochene Preisvergleich recht einfach zu realisieren. Sie können aber auch verschiedene Fachgeschäfte besuchen, um das für Sie Passende zu finden. Achten Sie auch auf einen guten Service, um bei Fragen und Problemen Hilfe und Unterstützung zu bekommen.

Wo stelle ich meinen Computer überhaupt hin?

Je nach dem gewünschten Einsatzzweck stehen Ihnen bei der Planung Ihres neuen Computers viele Möglichkeiten offen. Manche Nutzer möchten ihren PC möglichst dezent und unsichtbar im Wohnzimmer integrieren, andere hingegen wollen am Schreibtisch einen leistungsstarken Rechner stehen haben, der zudem vielleicht sogar ein echtes optisches Highlight darstellt.

Für einen möglichst unauffälligen Betrieb eines Computers machen kompakte und unbeleuchtete Computergehäuse (zum Beispiel HTPCs) Sinn. Größere Gehäuse (Midi- und Big-Tower) finden aufgrund ihrer Größe ihren Platz meistens eher auf oder unter einem Schreibtisch.

Unabhängig von der Form und Größe Ihres neuen Gehäuses sollten Sie den Computer niemals in eine zu kleine Nische oder gar in einen geschlossenen Raum (Schublade, Schrankfach usw.) stellen. Selbst bei leistungsarmen Systemen kann es so zu einer Überhitzung und damit zum Defekt des Computers kommen. Der ideale Stellplatz sollte daher eine gute Belüftung bieten, um einen Wärmestau zu vermeiden.

Achten Sie auch darauf, ob der von Ihnen vorgesehene Stellplatz des Computers räumlich eingeschränkt ist. Vergleichen Sie daher ruhig die zur Verfügung stehenden Abmessungen (Höhe, Breite und Tiefe) mit denen des neuen Gehäuses.

Hinsichtlich Formen und Abmessungen bietet der Handel vielfältige Alternativen und deckt in der Regel auch eher ungewöhnliche Maße ab. So dürfte kaum ein Aufstellort ernsthafte Probleme mit sich bringen. Selbst Ecklösungen und andere Designvarianten in den unterschiedlichsten Formgebungen sind bei einigen Herstellern zu finden, wenn diese auch etwas teurer als der gewöhnliche Standard sind.

Worauf muss ich vor dem Zusammenbau achten?

Wenn alles soweit ausgesucht, bestellt und bei Ihnen eingetroffen ist, geht es im nächsten Schritt ans Zusammenbauen. Zum jetzigen Zeitpunkt haben Sie bereits einen Teil des Projektes „Der Weg zum eigenen Computer" geschafft, doch noch steht der Computer nicht an seinem Platz und die gekauften Komponenten sind nicht miteinander verbunden.

Im nun folgenden Schritt, noch vor dem Zusammenbau des Computers, sollten Sie die erhaltenen Produkte sichten und sortieren. Um den Zusammenbau zu vereinfachen und Probleme zu vermeiden, sollten Sie die nachfolgenden Tipps beachten.

Zuerst legen Sie die einzelnen Komponenten auf eine möglichst große Fläche und sortieren Sie diese übersichtlich nach Typ und Wichtigkeit. Wenn Sie dies auf einem einigermaßen großen Tisch tun, können Sie nachher die Hardware dort auch gleich auspacken und bequem zusammenbauen.

Am Anfang benötigen Sie viele Artikel nicht sofort. Daher ist es sinnvoll, dass Sie diese erst einmal für den späteren Einsatz beiseitelegen. Folgende Komponenten haben in der Regel vorerst keine Priorität:

- Speichermedien (Festplatten usw.),
- Laufwerke,
- zusätzliche Erweiterungskarten (TV-Karte usw.),
- Netzteil,
- Eingabegeräte,
- Monitor,
- Software.

Im Gegensatz dazu sind die nachfolgenden Teile gleich zu Beginn besonders wichtig und sollten daher möglichst gut erreichbar für Sie platziert sein:

- Gehäuse,
- Mainboard,
- Arbeitsspeicher,
- Prozessor
  (inklusive Wärmeleitpaste und Kühler),
- Grafikkarte,
- Reinigungstücher oder Reinigungsflüssigkeiten.

Wenn die Komponenten soweit sortiert sind, sollten Sie im nächsten Schritt das Gehäuse auspacken. Achten Sie besonders bei sehr großen und schweren Gehäusen darauf, dass Sie diese vorsichtig aus der Verpackung herausziehen. Es gibt Gehäuse, die zum Teil sehr schwer aus ihrer Umverpackung zu entnehmen und recht fest im Styropor eingequetscht sind. Bitten Sie notfalls jemanden um Hilfe. Achten Sie auch darauf, dass Sie immer in Tisch- oder Bodennähe auspacken, um zu vermeiden, dass sich ein Gehäuse unerwartet löst und durch einen Sturz beschädigt wird.

Prüfen Sie nach dem Auspacken des Gehäuses, ob alles soweit in Ordnung ist. Manchmal tritt auf dem Transportweg eine starke Unwucht auf (zum Beispiel durch unvorsichtiges Beladen eines Fahrzeugs) mit der Folge, dass Gehäuse selbst in äußerlich unversehrten Verpackungen verzogen oder leicht beschädigt sein können. Falls Sie eine solche Beschädigung feststellen, sollten Sie diese unbedingt gleich dem Händler melden. Nehmen Sie ein Gehäuse oder andere Komponenten mit offensichtlichen Mängeln in Betrieb, können Sie die entsprechenden Schäden später nicht mehr beim Händler reklamieren! Werfen Sie daher bitte grundsätzlich zumindest einen groben Blick auf die erworbenen Artikel, bevor Sie diese in Gebrauch nehmen.

Solche Beschädigungen stellen jedoch eher eine Ausnahme dar und sind bei weitem nicht die Regel. Wir möchten allerdings an dieser Stelle die Möglichkeit von Beschädigungen erwähnen, da jeder Kunde so von seinem Rückgaberecht Gebrauch machen kann und sich nicht später ärgern muss – und wenn es auch nur kleinere Mängel sind. Dies gilt auch für den Bereich des Gehäuseinneren, in dem meistens das notwendige Gehäusezubehör zu finden ist.

Stück für Stück entsteht nun Ihr eigener Computer

Wenn alles soweit in Ordnung ist, sollten Sie nun im nächsten Schritt das Seitenteil des Gehäuses entfernen und einen Blick in den Innenraum werfen. Beim Großteil der Gehäuse ist dies das linke Seitenteil. Manche Gehäuse ermöglichen dem Nutzer aber auch Zugriff auf die Hardware von rechts oder sogar von oben (oft bei Media-PCs oder HTPCs).

Die Entfernung des Seitenteils ist meistens ohne Werkzeug mit Hilfe von zwei sogenannten Thumbscrews möglich, die das Seitenteil am Gehäuse fixieren. Sind diese mit wenigen Handgriffen entfernt, lässt sich das Seitenteil leicht abnehmen. Sind keine Thumbscrews vorhanden, müssen meistens zwei normale Schrauben mit einem Schraubendreher gelöst werden. Der Innenraum des Gehäuses, den Sie nun sehen, stellt den Rahmen für Ihren neuen Computer dar.

Beim Großteil aller Gehäuse ist auf dem Mainboard-Schlitten (auch als Mainboard-Tray bezeichnet) neben jedem Montageloch eine Beschriftung angebracht. Diese erleichtert die Installation des Mainboards ungemein, da sie genau aufzeigt, wo ein Abstandshalter eingeschraubt werden muss.
Die Abstandshalter finden Sie ebenso wie sämtliches Zubehör im Lieferumfang des Gehäuses. Die meisten Hersteller verwenden hierfür eine kleine Box aus Pappe, die fast immer in einer Aushöhlung im Styropor oder in einem freien Laufwerksschacht verborgen ist. Hier findet sich normalerweise neben den Abstandshaltern und zusätzlichen Schrauben auch eine Kurzanleitung für das Gehäuse.
Wenn Sie alle benötigten Abstandshalter eingeschraubt haben, können Sie die Basis des Computers einbauen. Achten Sie jedoch darauf, dass – abhängig davon, welches Mainboard Sie besitzen – ausnahmslos die wirklich benötigten Abstandshalter verschraubt sind. Ein Großteil der Mainboards im Endkundensegment hält sich dabei an das ATX-Format. Bei diesem benötigen Sie insgesamt

neun Abstandshalter, wobei die Montagelöcher auf dem Mainboard-Schlitten meistens mit einem „A“ gekennzeichnet sind.

Bastis Profi-Tipp:

In Gehäusen sind auf der Rückseite sogenannte Blindblenden für die Erweiterungskarten eingelassen. Diese lassen sich normalerweise recht leicht entfernen. Nehmen Sie nur die Blenden ab, die den Einbau einer Erweiterungskarte blockieren würden.

Bevor Sie nun das Mainboard auspacken, müssen Sie zuerst die zum Mainboard passende I/O-Blende in das Gehäuse einsetzen. Dies ist ein Schritt, der von vielen Nutzern gerne vergessen wird und im Nachhinein für einige Mehrarbeit sorgt. Bitte beachten Sie, dass das Einsetzen dieser Blende zum Teil etwas schwierig sein kann. Folgende Vorgehensweise führt jedoch in der Regel zu einem schnellen Erfolg:

1. Platzieren Sie die Blende an der Öffnung und drücken Sie diese sanft mit den Fingern an.

2. Nehmen Sie nun ein Handtuch oder Ähnliches und nutzen Sie dieses als Schutz für Ihre Finger.

3. Drücken Sie nun an der linken oder wahlweise auch rechten unteren Ecke, bis die Blende einrastet.

4. Nun drücken Sie mit Hilfe des Handtuches und entsprechendem Druck von der Ecke aus schrittweise den Rest der Blende in die Öffnung, bis sie auf allen Seiten komplett eingerastet ist.

Sobald die I/O-Blende sitzt, geht es an die kostbare Hardware. Vorher sollten Sie jedoch unbedingt sich selbst statisch entladen! Dies mag sich merkwürdig anhören, doch der Grund dafür ist ganz einfach: Viele Fälle von defekter Hardware lassen sich auf eine statische Ladung des Nutzers zurückführen. Sie kennen das

sicherlich selbst zum Beispiel vom Einkaufen, wenn man seiner Begleitung ab und zu einmal einen kleinen Stromschlag verpasst. Für uns Menschen ist dies völlig ungefährlich – für die empfindliche und meistens recht preisintensive Hardware kann dies jedoch das Ende bedeuten.
Eine statische Entladung erreichen Sie auf verschiedenen Wegen. Am einfachsten ist das Berühren einer Komponente, die im Haushalt praktisch immer vorhanden ist: der Heizung. Diese ist normalerweise geerdet und somit perfekt für die statische Entladung geeignet.

In der Verpackung des Mainboards ist neben einer Anleitung und entsprechendem Zubehör (wie die bereits verbaute I/O-Blende) auch das Mainboard selbst enthalten. Es ist in einer Schutzhülle verpackt und liegt meistens auf einer ca. ein bis zwei Millimeter dicken Schutzmatte. Öffnen Sie nun vorsichtig die Schutzhülle und nehmen Sie das Mainboard inklusive der darunter befindlichen Matte heraus. Diese Matte brauchen wir zwar für den eigentlichen Einbau nicht, doch sie schützt das Mainboard vorerst und kann auch bei späteren Arbeiten als Unterlage sehr hilfreich sein. Werfen Sie sie also bitte nicht gleich weg.

Wenn das Mainboard nun vor Ihnen auf dem Tisch liegt, haben Sie die Basis für Ihren neuen Computer bereits vor sich. Bevor wir das Mainboard in das Gehäuse legen, können wir bereits einige Schritte vornehmen, durch die man sich später ein oft mühseliges Hantieren innerhalb des Gehäuses sparen kann. Prüfen Sie jedoch vorher nochmals den Mainboard-Schlitten Ihres Gehäuses. Wenn hier ein Ausschnitt auf Höhe des Prozessors vorhanden ist, können Sie wählen, ob Sie den Kühler jetzt montieren möchten oder erst später. Unsere Empfehlung ist hier ganz klar die Montage vor dem Einbau in das Gehäuse. Denn gerade bei der Installation eines CPU-Kühlers kommt es auf Genauigkeit an. Der Kühler muss gerade und sicher auf dem Prozessor sitzen, was natürlich leichter von der Hand geht, wenn man dies in Ruhe und mit dem nötigen Platz erledigen kann.

Nehmen Sie sich daher nun den Prozessor zur Hand. Dieser unscheinbare und kleine Chip stellt das Gehirn Ihres Computers dar und ist somit überaus wichtig. Legen Sie den Prozessor nun ebenfalls vor sich auf den Tisch.

Bastis Profi-Tipp:

Fassen Sie den Prozessor unabhängig vom Modell nur an den Außenseiten an. Die Unter- und Oberseite sollten Sie möglichst nicht mit den Fingern berühren.

Nun brauchen Sie noch die Wärmeleitpaste und den CPU-Kühler. Bei manchen Kühlern ist bereits von Haus aus eine Wärmeleitpaste auf Silikon- beziehungsweise Glycerinbasis enthalten oder sogar auf der Kontaktfläche verstrichen. Grundsätzlich spricht auch nichts dagegen, wenn Sie die beiliegende Paste verwenden. Je nach Einsatzzweck können Sie jedoch eine hochwertigere Wärmeleitpaste in Form von Flüssigmetall oder auch ein Metallpad verwenden, wenn Sie eine bessere Kühlleistung anstreben.

Unabhängig von der Wahl der Wärmeleitpaste sollten Sie den Prozessor jedoch nicht im eingebauten Zustand bestreichen. Es kommt leider immer wieder vor, dass Nutzer bei einem solchen Vorhaben die Wärmeleitpaste ungleichmäßig verteilen oder sogar auch andere Komponenten mit Wärmeleitpaste einstreichen. Legen Sie den Prozessor daher vor sich auf den Tisch und achten Sie darauf, dass die Unterseite des Prozessors, die meistens recht empfindlich ist, dabei nicht beschädigt wird. Ähnlich wie die Schutzmatte beim Mainboard ist auch hier eine weiche und möglichst fusselfreie Unterlage von Vorteil.

Reinigen Sie anschließend die Oberfläche des Prozessors (die Kontaktfläche), wobei hierfür zum Beispiel Nagellackentferner oder speziell für diesen Zweck angebotene Reinigungs-Sets verwendet werden können. Ziel der Reinigung ist, Verschmutzungen und Fette zu entfernen. Gerade letztere sind erschreckend wirksame Isolatoren und somit der Erzfeind jeder guten Wärmeabführung.

Nachfolgend geben wir Ihnen zwei kurze Anleitungen an die Hand, die eine schnelle und gute Verteilung der verschiedenen Typen von Wärmeleitpasten ermöglichen.

✓ Wärmeleitpaste auf Silikon- /Glycerinbasis

Die meistverbreiteten Wärmeleitpasten basieren auf Silikon beziehungsweise Glycerin. Diese Stoffe machen den Großteil der Pasten aus, wobei sie mit verschiedenen Additiven vermischt werden. Gerne verwenden Hersteller Metalloxide und andere Stoffe, mit denen die Wärmeleitfähigkeit der Paste besonders gut beworben werden kann.

Das Auftragen einer Wärmeleitpaste gestaltet sich je nach Konsistenz der Paste sehr leicht bis schwer. Am besten lassen sich viele Pasten mit einer Blanko-Kreditkarte oder auch mit einem kleinen Plastikspachtel auftragen. Achten Sie darauf, dass die Paste über die komplette Kontaktfläche und möglichst dünn verstrichen wird.
Wer lieber auf die Wärmeleitpaste setzt, die bereits vom Hersteller auf dem Kühler aufgetragen wurde, muss sich nur noch um die Montage des Kühlers kümmern.

✓ Wärmeleitpaste aus Flüssigmetall

Besonders bei der Übertaktung und bei sehr leistungsstarken PC-Systemen sind Wärmeleitpasten aus Flüssigmetall bei den PC-Besitzern äußerst beliebt, da die Kühlung (Wärmeableitung) durch den Einsatz dieser Wärmeleitpaste zum Teil deutlich verbessert werden kann. Doch auch beim Einsatz in normalen Computern bringt Flüssigmetall Vorteile mit sich und ist daher absolut empfehlenswert.

Beim Bestreichen sollten Sie streng nach Anleitung des Herstellers vorgehen. Für manche Produkte auf der Basis von Flüssigmetall gibt es auch entsprechende Videos auf den Hersteller-Webseiten, die das Auftragen der Produkte veranschaulichen. Wenn Sie Wärmeleitpaste im nicht eingebauten Zustand auftragen und mit einer ruhigen Hand vorgehen, ist die Nutzung und Installation sehr einfach und zudem absolut risikolos. Wärmeleitpasten aus Flüssigmetall sollten je nach Produkt und entsprechend der Anleitung möglichst dünn aufgetragen werden. Die benötigte Menge kann dabei die Größe eines halben Reiskorns sogar unterschreiten.

Bastis Profi-Tipp:

Eine Wärmeleitpaste soll nur die kleinsten Unebenheiten ausfüllen und Luft verdrängen. Dadurch wird der Wärmetransfer verbessert, wobei besonders beim Einsatz von Flüssigmetall deutliche Verbesserungen festzustellen sind.

Wenn die Wärmeleitpaste aufgetragen ist, können Sie den Prozessor vorsichtig auf dem Mainboard aufsetzen. Bevor der Prozessor jedoch installiert werden kann, muss erst der sogenannte Sockel entriegelt werden. Dies geschieht je nach Prozessor-Hersteller und -Modell über einen hochzuklappenden Hebel beziehungsweise eine entsprechende Abdeckung. Anschließend kann der Prozessor in der einzig möglichen Richtung installiert werden. Bei den meisten Prozessoren gibt es eine kleine Markierung in Form eines Pfeils, die dem Nutzer aufzeigt, wie der Prozessor platziert werden muss. Ist dies nicht der Fall, lohnt ein Blick auf die Unterseite des Prozessors.

Ist der Prozessor an Ort und Stelle, kann er mit dem Sockel verriegelt werden. Hierzu führen Sie die Schritte zur Entriegelung einfach in umgekehrter Reihenfolge durch.

Abhängig vom Aufbau des Mainboard-Schlittens Ihres Gehäuses können Sie nun das Mainboard im Gehäuse platzieren. Orientieren Sie sich dabei an dem bereits eingesetzten I/O-Panel sowie an den verschraubten Abstandshaltern. Sobald das Mainboard an Ort und Stelle sitzt, kann es durch die dem Gehäuse beiliegenden Schrauben mit dem Mainboard-Schlitten verbunden werden. Wichtig ist, dass möglichst alle neun Schrauben verwendet werden, um eine hohe Stabilität zu gewährleisten.
Wenn Sie im Mainboard-Schlitten keinen Ausschnitt für die CPU-Kühlermontage finden, können Sie das Einsetzen des Mainboards erst nach erfolgter Montage des Kühlers vornehmen!

Wenn Sie das Mainboard fixiert haben, ist bereits der erste Schritt des eigentlichen Einbaus geschafft, denn nun ist die Basis für alle kommenden Komponenten vorhanden.

✓ Das Einsetzen des Arbeitsspeichers

Besonders wenn Sie einen großen Kühlkörper verwenden, sollten Sie erst einmal den Arbeitsspeicher in die dafür zur Verfügung stehenden Slots einsetzen, bevor Sie den CPU-Kühler montieren. Bei den meisten Mainboards sind die RAM-Slots farbig markiert, damit Sie schnell sehen können, wie die von Ihnen erworbene Anzahl eingesetzt werden muss. Im Zweifelsfall prüfen Sie hier nochmals die Anleitung des Mainboards, in der normalerweise die Verteilung und Anordnung bildlich dargestellt wird.

Achten Sie auch auf die korrekte Ausrichtung. Ein RAM-Riegel lässt sich nur in eine Richtung verbauen und passt mit wenig Druck in den Slot. Bevor Sie also mit übermäßigem Kraftaufwand versuchen, das Arbeitsspeichermodul irgendwie in das Mainboard zu bekommen, prüfen Sie lieber noch einmal die Ausrichtung.

✓ Nun noch den CPU-Kühler drauf …

Die meisten leistungsstarken CPU-Kühler setzen auf eine Verschraubung mit dem Mainboard. Dies liegt daran, dass diese Kühler zum Teil mit weit über 500 Gramm sehr schwer sind und viele Hersteller den normalen Halterungen nur bedingt die hohe Last zutrauen. Zusätzlich zur eigentlichen Halterung liegen solchen Kühlern auch sogenannte Backplates bei. Dies sind stabile Platten, die das Gewicht des Kühlers auf der Rückseite des Mainboards auffangen und so eine noch höhere Stabilität ermöglichen. Beachten Sie bei der Installation des Kühlers bitte die beiliegende Anleitung, da sich die Montage von Modell zu Modell teilweise sehr unterscheiden kann. Wenn der Kühler nach der Installation sicher und fest sitzt, haben Sie alles richtig gemacht.

Bastis Profi-Tipp:

Versuchen Sie bei der Installation, den Kühlkörper nicht unnötig zu drehen oder zu verschieben, da Sie ansonsten die sorgfältig aufgetragene Schicht der Wärmeleitpaste zunichtemachen.

Wenn bis hierhin alles geklappt hat, ist bereits ein beachtlicher Teil geschafft. Das Mainboard sitzt im Gehäuse, der Prozessor inklusive Kühler sowie der Arbeitsspeicher sind auf dem Mainboard angebracht. Was nun noch fehlt, ist die Grafikkarte – falls Sie keine im Mainboard oder im Prozessor bereits enthaltene Grafikeinheit verwenden möchten. Doch auch der Einbau einer Grafikkarte gestaltet sich überraschend einfach.

✓ Das Einsetzen der Grafikkarte

Bei der Grafikkarte gilt grundsätzlich dasselbe wie auch beim Mainboard: Auch hier ist eine erhöhte Sorgfalt besonders wichtig. Packen Sie daher die Grafikkarte vorsichtig aus und befreien Sie sie aus der auch hier vorhandenen Antistatikhülle.

Die meisten Grafikkarten besitzen zudem einen transparenten Schutzaufkleber, der die Karten vor ungewollten Kratzern beim Versand schützt und vor dem Einsatz entfernt werden sollte. Ähnlich wie moderne Fernseher und Notebooks setzen die Hersteller auch bei den Kühlern von Grafikkarten immer häufiger auf hochglänzende Oberflächen. Zwar sehen diese besonders schick aus, allerdings sind sie auch entsprechend anfällig für Staub und Kratzer.

Auch sollte man sich bewusst sein, dass man eine Grafikkarte nach dem Einsetzen in der Regel nicht mehr bewusst betrachtet, besonders nicht von unten, da Grafikkarten im Großteil der Gehäuse kopfüber hängen.

Moderne Grafikkarten werden in einen freien PCI-Express-Slot eingesetzt. Besonders bei den High-End-Grafikkarten ist es wichtig, dass der Slot mit der höchsten Geschwindigkeit und Bandbreite (zum Beispiel PCI Express 3.0 / 16x) gewählt wird. Nähere Informationen, welcher dies auf Ihrem Mainboard ist, sollten Sie der Anleitung des Mainboards entnehmen können.

Das eigentliche Einsetzen der Grafikkarte gestaltet sich nun zum Glück sehr einfach, denn sie muss lediglich in den ausgewählten Slot gesteckt werden. Achten Sie darauf, dass die Grafikkarte gerade eingebaut wird und üben Sie dabei sanften Druck über die

Länge verteilt aus. Am Ende des Slots findet sich zudem eine kleine Verankerung aus Kunststoff, die beim Erreichen der finalen Einbautiefe die Grafikkarte zusätzlich fixiert.
Die wichtigste Fixierung stellt jedoch die Slotblende aus Metall dar, die an jeder Grafikkarte montiert ist. Diese wird je nach Breite mit ein bis zwei Schrauben an der Rückseite des Mainboards festgeschraubt und sorgt so selbst bei einem Transport des Computers für den nötigen Halt.

Bastis Profi-Tipp:

Die Grafikkarte ist die oftmals teuerste Komponente, behandeln Sie sie daher besonders vorsichtig. Wenn sich die Karte beim Einsetzen verhakt, ziehen Sie sie vorsichtig ein Stück heraus und drücken Sie sie anschließend behutsam in den Slot hinein.

Mit der Installation der Grafikkarte haben wir die wichtigsten Komponenten im Computer. Nun folgen all die Teile, die wir beim Sortieren vorerst zur Seite gelegt hatten. Verlegen Sie jetzt noch keine Kabel im Computer, denn diese könnten Sie beim weiteren Einbau behindern!

Neben einem optischen Laufwerk liegen nun mindestens ein Datenträger sowie das Netzteil bereit. Um auch weiterhin einen guten Überblick zu bewahren, empfehlen wir, das Netzteil erst ganz zum Schluss in das Gehäuse einzusetzen.

✓ Der Einbau der Laufwerke und Speichermedien

Die Laufwerke lassen sich in den meisten aktuellen Gehäusen erstaunlich leicht installieren. Oftmals müssen sie je nach Format (5,25 Zoll, 3,5 Zoll oder 2,5 Zoll) lediglich in den entsprechenden Schacht geschoben und anschließend mit jeweils zwei Schrauben pro Seite fixiert werden. Bei den kompakten 2,5-Zoll-Laufwerken erfolgt die Verschraubung nicht an den Seiten, sondern im Boden des Laufwerksgehäuses.

Achten Sie beim Einbau des optischen Laufwerks (zum Beispiel eines Blu-ray-Laufwerks) darauf, dass es möglichst gut erreichbar platziert sein sollte. Meistens ist hierfür der oberste 5,25-Zoll-Einschub im Gehäuse ideal, da sich wohl kaum ein Nutzer für das Wechseln eines Datenträgers bis zum Boden bücken möchte.

Falls Sie nun noch andere Hardware wie eine TV-Karte, weitere Laufwerke oder Ähnliches haben, bauen Sie diese ebenfalls nacheinander ein. Prüfen Sie bei allen eingebauten Komponenten immer den korrekten und sicheren Sitz, der in der Regel durch eine Verschraubung gewährleistet wird.

Bastis Profi-Tipp:

Sobald Sie die Hardware eingebaut haben, können Sie bereits die ersten Datenkabel verlegen. Wir empfehlen, dies jedoch erst nach dem Einbau des Netzteils zu tun, da moderne Datenkabel deutlich flexibler sind.

✓ Zum Schluss kommt das Netzteil

Wenn nun alle Komponenten soweit verbaut sind, kommt die für den Betrieb des Computers unerlässliche Stromversorgung an die Reihe. Viele Netzteile besitzen heute ein modulares Kabelmanagement. Dieses beinhaltet meistens verschiedene Kabel, die nicht von Haus aus mit dem Netzteil verbunden sind. Am Netzteil finden sich daher in der Regel nur zwei bis drei Kabel. Dies hilft besonders beim Einbau und beim anschließenden Verlegen der Kabel, da man bei bereits fest montierten Kabeln das Kabelgewirr auseinanderfummeln müsste.

Um das Netzteil in den PC zu bekommen, nehmen Sie es aus der Verpackung und legen es mit dem Netzschalter (oftmals in Form eines kompakten Kippschalters) nach außen in den Netzteilschacht. Auf der gegenüberliegenden Seite des Netzteilschalters finden sich die Kabelausgänge. Bei einem modularen Netzteil sind dies ein kleiner Kabelstrang sowie mehrere Anschlüsse, die später mit modularen Kabeln versehen werden können.

Schieben Sie das Netzteil nun vorsichtig bis an die Rückwand des Gehäuses. Hier finden Sie einen Ausschnitt im Gehäuse, der fast so groß wie das Netzteil selbst ist. An den Ecken ist dieser Ausschnitt jedoch mit einer Art Lasche verkleinert, durch die (mit den darin befindlichen Montagelöchern) das Netzteil mit dem Gehäuse fest verbunden wird. Für diese Verbindung sind normalerweise vier Schrauben nötig, die Sie im Zubehör des Gehäuses finden. Achten Sie darauf, dass die Schrauben handfest angezogen sind, um einen sicheren Sitz des Netzteils zu gewährleisten. Die am Netzteil bereits fixierten Kabel können Sie dabei falls möglich aus dem Gehäuse hängen lassen. So vermeiden Sie Beschädigungen oder Kratzer an der verbauten Hardware beziehungsweise am Gehäuse selbst. Gerade bei eloxierten und lackierten Gehäusewänden kann dies recht ärgerlich sein.

Jetzt kommen wir endlich zum Verlegen der Kabel, und dieser Punkt raubt vielen Nutzern meistens einige Nerven. Er ist jedoch zwingend notwendig, da sonst weder das Mainboard noch die Laufwerke und die Grafikkarte mit dem nötigen Strom versorgt werden können. Da jedoch aufgrund der Menge an Kabeln oftmals Verwirrung und Chaos entstehen, zeigen wir Ihnen nun die oftmals einfachste und erfolgreichste Reihenfolge.

Bevor wir die Netzteilkabel verlegen, suchen wir die bereits im Gehäuse befindlichen Kabel des Frontpanels. Dies sind unterschiedlich farbige Kabel mit kleinen, meistens schwarzen Steckern, auf denen Aufdrücke wie „PWR SW“ oder „HDD LED“ zu finden sind. Nehmen Sie zum Anschluss der Kabel die Bedienungsanleitung Ihres Mainboards zur Hand. Hier wird normalerweise grafisch aufgezeigt, wie und wo genau diese Anschlüsse auf dem Mainboard aufgesteckt werden müssen.

Die ATX- und ATX/EPS-Kabel stellen die ersten Kabel des Netzteils dar, die wir nun verlegen. Diese Kabel erkennen Sie an ihrer Dicke sowie an den Anschlüssen. Das moderne ATX-Kabel besitzt einen breiten 24-Pin-Anschluss mit 12 Pins pro Reihe. Auf einer Seite des Anschlusses befindet sich zudem eine kleine Lasche, die das Aufstecken auf dem Mainboard vereinfacht und das Kabel fixiert.

Das ATX/EPS-Kabel ist in der Regel etwas dünner und besitzt einen 8-Pin-Anschluss. Je nach Netzteil kann der Anschluss dabei auch geteilt (4+4-Pins) oder sogar nur in Form eines 4-Pin-Anschlusses gehalten sein. Diese 4-Pin-Anschlüsse finden Sie jedoch nur bei leistungsärmeren Netzteilen. Ab 500 bis 600 Watt ist normalerweise ein 4+4-Anschluss beziehungsweise ein 8-Pin-Anschluss vorhanden.

Auf dem Mainboard finden Sie für beide Stecker das jeweils passende Gegenstück, wobei der 24-Pin-Anschluss meistens rechts vom CPU-Sockel und von den Speicherbänken platziert ist. Den ATX/EPS-Anschluss findet man oftmals direkt neben oder über dem CPU-Sockel. Achten Sie beim Anschließen der Kabel auf die Lasche, die auf ihr jeweiliges Gegenstück kommt. Zum Glück haben die Hersteller jedoch auch die Pin-Formen variiert, so dass ein falsches Anschließen nur mit recht großer Kraftanstrengung möglich ist. Sehen Sie sich hierzu die beiden Anschlüsse etwas genauer an. Sie werden schnell erkennen, dass sich die einzelnen Buchsen trotz ihrer geringen Größe stark unterscheiden.

Bastis Profi-Tipp:

Das 24-Pin-ATX- und 4-Pin-ATX- beziehungsweise 8-Pin-EPS-Kabel sollten zuerst möglichst außerhalb des Luftstroms verlegt werden. Nutzen Sie bei einem zu kurzen Kabel lieber eine Verlängerung, anstatt das Kabel über das Mainboard zu spannen.

Nun verlegen wir die Kabel für die Datenübertragung. In modernen PC-Systemen ist dies dank sehr schmaler, biegsamer und somit leicht zu verlegender Kabel sehr einfach. Das beste Beispiel stellen hier die SATA-Kabel dar. Verlegen Sie auch diese möglichst geordnet und unauffällig und nutzen Sie auch hier die gegebenenfalls vom Gehäuse gebotenen Kabelwege. In der Anleitung des Mainboards finden Sie auch diese Anschlüsse, jedoch lassen sie sich oftmals auch durch ihre Farbgebung schnell und problemlos aufspüren.

Nachdem die Datenkabel am Mainboard und an den Laufwerken angeschlossen und verlegt sind, finden nun endlich auch die Stromkabel ihren Anschluss an der Hardware: Die SATA- und 4-Pol-Molex-Kabel werden in der Regel für die Stromversorgung der Laufwerke und zusätzlicher Komponenten wie beispielsweise Lüftersteuerungen verwendet.

Einige Netzteile bieten auch 3-Pin Anschlüsse, um Gehäuselüfter statt am Mainboard oder an einer Lüftersteuerung direkt an das Netzteil anschließen zu können. In der Regel hat dies den Vorteil, dass beim Ausschalten des Computers eine Nachlaufsteuerung die Lüfter noch 1-2 Minuten laufen lässt, um die Restwärme aus dem Gehäuse zu transportieren. Dies ist jedoch jeweils abhängig von den genutzten Lüftern und den Netzteilanschlüssen, da teilweise auch 4-Pol-Molex Anschlüsse für Lüfter vorgesehen sind. Hat man nicht den passenden Anschluss auf einer der genannten Seiten parat, kann man nachträglich entsprechende Adapter käuflich erwerben.

Zusätzlich finden sich an aktuellen Netzteilen meistens PCI-Express-Kabel mit sechs oder acht Pins. Besonders die modernen und sehr leistungsstarken Grafikkarten benötigen mit Hilfe dieser Kabel einen zusätzlichen Energieschub, wobei manchmal sogar zwei 8-Pin-Anschlüsse Verwendung finden.

Bastis Profi-Tipp:

Wenn Sie alle Kabel soweit angeschlossen haben, prüfen Sie nochmals, ob diese fest sitzen. Nicht ist ärgerlicher als ein Computer, der aufgrund eines nicht richtig angeschlossenen Kabels nicht startet.

Mit dem Einbau und der Verkabelung des Netzteils ist der letzte Schritt im Inneren des Computers geschafft. Bevor Sie jedoch das

Gehäuse mit dem zuvor abgenommenen Seitenteil wieder verschließen, sollten Sie erst einmal das Resultat näher betrachten und vor allem auch testen.

Wenn Sie ein modulares Kabelmanagement-System verwenden, sollten Sie nun mit etwas Glück noch einige Kabel übrig haben, die Sie nicht benötigt haben. Lassen Sie diese entweder in der Verpackung oder bündeln Sie sie mit einem Kabelbinder, um sie anschließend sicher zu verstauen. Sie sollten die vorerst nicht verwendeten Kabel auf keinen Fall entsorgen, da Sie diese eventuell in der Zukunft doch einmal benötigen, zum Beispiel im Zuge einer Aufrüstung.

Wer auf ein Big-Tower Gehäuse gesetzt hat, kann unter Umständen Probleme mit einigen Kabellängen bekommen: Wenn man versucht, die Kabel hinter dem Mainboard zu verlegen, damit sie weitestgehend unsichtbar sind, und ein optisch aufgeräumtes PC-System vorweisen kann, stößt man schnell an Grenzen. Jedoch bietet auch hier der Handel eine Lösung in Form von Kabelverlängerungen an.

Einige Hersteller gehen immer mehr dazu über, bei ihren eigenen Netzteilen gleich für alle Kabelstränge Verlängerungen anzubieten. Meistens sind diese Verlängerungen jedoch nicht ganz günstig zu erwerben, da sie der Optik zuliebe noch gesleevt sind, d.h. die Kabel sind in einer Farbe, in der Regel mit Gewebeschlauch ummantelt.

Neben den modularen Kabeln sollten Sie in der Verpackung des Netzteils noch ein meistens schwarzes, sogenanntes Kaltgerätekabel vorfinden. Dieses besitzt auf der einen Seite einen sechseckigen Anschluss für die Netzteil-Rückseite und auf der anderen Seite einen normalen Netzstecker, wie wir ihn von anderen Geräten kennen. Mit dem Anschluss dieses Stromversorgungskabels erhält das Netzteil und damit der Computer den notwendigen Strom, sobald der Schalter auf der Rückseite des Netzteils auf I (On) umgelegt ist.

Zum Testen brauchen Sie noch einige weitere Elemente, da ansonsten die Funktionalität nicht oder nur bedingt geprüft werden kann.

Die Hardware ist verbaut, nun folgen die externen Komponenten

Der Monitor (auch Display genannt) stellt das sichtbare Bindeglied zwischen der Computerhardware und dem Nutzer dar. Stellen Sie den Monitor auf dem Schreibtisch oder seinem angedachten Platz auf und achten Sie darauf, dass zwischen dem Monitor und Ihrem Sitzplatz ca. eine Armlänge Abstand ist. Sitzen Sie zu nah am Monitor, ist dies für Ihre Sicht und Ihre Sitzhaltung nicht förderlich. Sitzen Sie zu weit vom Monitor entfernt, können Sie die Anzeige auf dem Monitor nur noch bedingt erkennen.

Das Kabel des Monitors sollte am besten auf der Rückseite des Schreibtisches verlegt werden. Die meisten Kabel haben von Haus aus eine Länge von rund ein bis zwei Metern, so dass ein Kabel nicht unbedingt gespannt verlegt werden muss. Sollte der Computer jedoch wirklich weiter entfernt platziert sein, muss man auch hier mit Verlängerungen arbeiten. Optimal ist es jedoch, wenn Sie auf eine solche Verlängerung verzichten und den Computer lieber etwas näher an den Monitor stellen.

Schließen Sie das Monitorkabel zuerst am Mainboard beziehungsweise an der Grafikkarte an. Achten Sie darauf, dass das Kabel ohne Kraftaufwand und richtig herum angeschlossen wird. Prüfen Sie vorab auch (je nach Stecker, zum Beispiel bei DVI-Anschlüssen) die Unversehrtheit der in den Anschlüssen vorhandenen Pins. Manche Anschlüsse weisen leicht verbogene Pins auf, was zu Defekten oder einer fehlenden Anzeige führen kann. Sobald das Kabel am Computer angeschlossen ist, verlegen Sie dieses locker zum Monitor. Bei vielen Monitoren ist es schwierig, das Kabel anzuschließen, da man hier meistens mehr oder weniger blind arbeitet. Doch je nach Aufbau und Form des Monitors und der Positionierung der Anschlüsse können Sie sich diese Mühe sparen, indem Sie einfach eine weiche Unterlage (zum Beispiel ein umgeschlagenes Handtuch) vor den Monitor legen und diesen anschließend vorsichtig und langsam nach vorne kippen und vor sich hinlegen. So können Sie mit wenigen Blicken und Handgriffen das Monitorkabel schnell und sicher befestigen. Manche Kabel besitzen zusätzliche Rändelschrauben. Nutzen Sie diese, um ein ungewolltes Abrutschen des Kabels zu vermeiden. Neben dem Datenkabel braucht ein Monitor auch eine Stromversorgung. Das dazugehörige Kabel finden Sie in der Originalverpackung. Das Stromversorgungskabel ist übrigens in der Regel der gleiche Kabel-Typ, wie Sie ihn bereits für den Anschluss des Netzteils an die Steckdosenleiste benutzt haben.

Im nächsten Schritt installieren Sie die Maus und die Tastatur. Heute werden fast alle Mäuse und Tastaturen mit dem modernen USB-Anschluss ausgeliefert, auch verzichten immer mehr Hersteller von Mainboards auf alte Anschlüsse wie zum Beispiel den PS/2-Anschluss. Der große Vorteil ist die beinahe universelle Nutzbarkeit der Eingabegeräte. So muss man heute nicht mehr zwingend prüfen, welcher Typ von Anschluss verwendet wird.
Durch den USB-Anschluss können Tastatur und Maus auf einfache Weise mit dem Computer verbunden werden. Versuchen Sie jedoch von vorneherein, auf der Rückseite des Computers eine gewisse Ordnung zu wahren. Wir empfehlen daher, die am I/O-Panel vorhandenen USB-Anschlüsse von oben nach unten zu belegen. So haben Sie immer mit einem Blick die noch freien USB-Ports sichtbar. Auch der Anschluss eines weiteren USB-Geräts wie ein Drucker, Scanner oder Joystick geht dann sehr einfach von der Hand.
Platzieren Sie Maus und Tastatur möglichst gut erreichbar auf dem Schreibtisch. Achten Sie auf eine bequeme Arbeitsposition, um keine ungewünschten Ermüdungserscheinungen herbeizuführen. Die Maus sollte zudem auf einer ausreichend großen Unterlage (Mauspad) liegen, um sowohl die Oberfläche des Tisches als auch die Unterseite der Maus vor unnötigen Kratzern zu schützen. Ein positiver Nebeneffekt ist dabei die meistens deutlich genauere Steuerbarkeit des Computers. Besonders bei Computerspielen werden Sie dies zu schätzen wissen.

Nachdem Sie den Netzstecker in die Steck- beziehungsweise Verteilerdose gesteckt haben, legen Sie den fast immer auf der Rückseite des Netzteils befindlichen Schalter um. Dies gilt auch für das Stromkabel des Monitors, wobei dieses meistens keinen eigenen Netzschalter besitzt. Anschließend kann der Computer mit dem Power-Button gestartet werden, der sich normalerweise in der Front oder im vorderen Deckel befindet.

Ohne Betriebssystem läuft nichts

Vor der ersten Nutzung des Computers muss das Betriebssystem aufgespielt werden. Bevor Sie jedoch damit anfangen können, müssen Sie unbedingt im Computer die Boot-Reihenfolge einstellen.

Normalerweise sucht der Computer das Betriebssystem auf der angeschlossenen Festplatte. Doch wenn diese noch leer ist oder der Computer nicht weiß, wo er suchen soll, erscheint für den Nutzer nur eine Fehlermeldung beim Start, die zum Beispiel wie folgt auf Ihrem Monitor auftauchen kann:

DISK BOOT FAILURE
INSERT SYSTEM DISK AND PRESS ENTER
(Fehler beim Booten, bitte Datenträger einlegen und Enter drücken)

Gehen Sie daher beim Start des Computers in das BIOS und suchen Sie hier (gegebenenfalls mit Hilfe des Mainboard-Handbuches) die Option zur Einstellung der Bootreihenfolge. Bei vielen Mainboards ist diese unter dem Menüpunkt „Advanced" beziehungsweise auch „Boot" verborgen.

Wenn Sie die Einstellungen gefunden haben, sollte die Anzeige nach der erfolgten Umstellung in etwa wie folgt aussehen:

1st	Boot Device	CD/DVD
2nd	Boot Device	Hard Disk
3rd	Boot Device	USB

Beachten Sie jedoch, dass dies lediglich ein Beispiel darstellt und auch die Bezeichnungen der einzelnen Komponenten von Mainboard zu Mainboard stark variieren können. In manchem BIOS findet man den Begriff „Hard Disk" für die Festplatte, in anderen wiederum wird stattdessen „HDD" oder gar „SATA" angegeben. Auch zeigen hier viele Mainboards hinter der entsprechenden

Bezeichnung eine Kennung für das bereits gefundene Laufwerk an. Wichtig ist, dass das Laufwerk, in dem der Datenträger mit dem Betriebssystem enthalten ist, in der Auflistung auf die erste Position aufrückt. Nur so sucht das Mainboard beim Booten zuerst zum Beispiel auf der DVD statt auf der bis dahin noch leeren Festplatte.

Wenn Sie diese Einstellung vorgenommen haben, können Sie das BIOS wieder speichern und beenden. Beim Neustart des Computers erhalten Sie nun kurzzeitig eine Meldung, die zum Beispiel wie folgt aussehen könnte:

PRESS ANY KEY TO BOOT FROM CD OR DVD
(Drücken Sie eine Taste,
um von der CD oder DVD zu booten)

Um nun von der DVD oder dem USB-Stick mit dem gewünschten Betriebssystem zu starten, reicht es aus, wenn Sie den Anweisungen auf dem Bildschirm folgen. In unserem Beispiel muss hierfür lediglich eine Taste auf der Tastatur gedrückt werden. Diese Meldung erscheint übrigens nur dann, wenn der Computer auf dem eingelegten Medium auch tatsächlich ein bootfähiges Betriebssystem oder einen entsprechenden Datenträger wie die Installations-CD eines Betriebssystems findet. Alle anderen Medien ignoriert der PC beim Booten, um einen schnellen Start zu gewährleisten.

Grundsätzlich sollten Sie sich etwas Zeit für die Installation eines Betriebssystems nehmen, wobei jedoch die Art und Dauer einer Installation je nach verwendetem System variieren kann. Unabhängig vom Betriebssystem sind jedoch – trotz einer anderen Optik und einer zum Teil etwas anderen Benutzerführung – viele der ablaufenden Schritte mehr oder weniger gleich. Anders als viele ihrer Vorgänger benötigen die heutigen Betriebssysteme bei der Installation nur noch eine kurze Zeit für die Fertigstellung.

Wenn Sie eine moderne und möglichst aktuelle Version des Betriebssystems einsetzen, sind von Haus aus bereits viele Treiber im Installationsumfang enthalten. Sollte doch einmal ein Treiber für eine der verbauten Komponenten fehlen, kann dieser – falls er für die Installation zwingend benötigt wird – bei vielen Betriebssystemen noch im Installationsprozess miteingebunden werden. Sollte dies nicht möglich sein, kann der passende Treiber auch nach der Installation aufgespielt werden.

Bastis Profi-Tipp:

Aufgrund des heute sehr großen Speichervolumens von Festplatten lohnt es sich, wenn Sie den verfügbaren Platz in verschiedene Partitionen aufteilen. Unsere Empfehlung für die Größe der Systempartition sind rund 75 bis 100 Gigabyte.

Bevor Sie jedoch mit Ihrem neuen Computer arbeiten, sollten Sie das Betriebssystem sowie die installierten Treiber für die verbaute Hardware aktualisieren. Wenn das Betriebssystem einen Treiber nicht finden kann, teilt es dies dem Nutzer in der Regel mit, damit dieser einen passenden Treiber installieren kann. Bei modernen Betriebssystemen ist dies heute jedoch kaum mehr ein ernsthaftes Problem, da sie sich über das automatisierte Update quasi von selbst installieren. Die aktuellsten Treiber findet man bei Bedarf auf den Internetseiten der jeweiligen Hersteller oder in entsprechenden Download-Bereichen von IT-Portalen.

Wir möchten hier ausdrücklich daran erinnern, dass bei jedem System ein Firewall und ein Anti-Viren-Programm installiert sein sollten!

Probleme? So leicht kann die Lösung sein!

Probleme beim Betrieb des neuen Computers

Jeder PC-Bastler kann ein Lied davon singen: Trotz intensiver Planung und eines äußerst sorgfältigen Zusammenbaus treten bei der Nutzung des PCs Probleme auf. Diese müssen nicht immer in Form eines qualmenden Computers vorkommen, auch fehlerhafte Einstellungen oder andere Kleinigkeiten können für viel Frust und Ärger sorgen. Aber keine Sorge: Viele Probleme lassen sich mit wenigen Handgriffen relativ einfach lösen!

Grundsätzlich gilt bei der Computertechnik: Jedes elektronische Bauteil kann einmal einen Defekt aufweisen. In der Regel kann man diesen beim Auspacken der Komponenten nach dem Kauf nicht mit bloßem Auge erkennen; auch ist es nicht ungewöhnlich, dass ein Artikel trotz eines Defekts die Qualitätskontrollen der Hersteller problemlos passiert. Manchmal ist es jedoch auch eine Inkompatibilität, die nicht oder nur bedingt vorhersehbar war. Leider ist es selten der Fall, dass man innerhalb weniger Minuten alles zusammengebaut hat und es dann sozusagen von jetzt auf gleich perfekt läuft.

Nachfolgend zeigen und erklären wir Ihnen einige typische PC-Probleme und -Fehler, die immer wieder auftreten.

✓ Beim Starten des PCs tut sich überhaupt nichts

Eines der typischen und immer wiederkehrenden Probleme steht gleich am Anfang des neuen PC-Glücks, nämlich beim Versuch, den fertig zusammengebauten Computer zu starten. Oft passiert hier nämlich gar nichts, kein Lüfter rührt sich, keine LED leuchtet, und auch der Monitor bleibt einfach schwarz.

Wenn wir einmal von einem Defekt absehen, kommt meistens eine der nachfolgenden Ursachen in Frage:

- **Netzschalter**: In ihrer Aufregung vergessen viele Besitzer eines neuen Computers, dass sie den Netzschalter auf der Rückseite des Netzteils umlegen müssen. Nur dann erhält das Mainboard den Strom, den es für den Betrieb des Computers benötigt.

- **Kabel vergessen**: Auch dies kommt immer wieder einmal vor, obwohl man bei der Verlegung konzentriert bei der Sache war. Häufig betrifft dies das nicht angeschlossene oder gar vergessene ATX/EPS-Kabel. Dadurch dass der Anschluss in der unmittelbaren Nähe des Prozessors positioniert ist, geht er leider immer wieder einmal unter.

- **Power-Button**: Der Ein- und Ausschalter (in der Regel in Form eines Tasters in der Front des Gehäuses) ist wie die HDD LED, die Power LED und der Reset-Taster durch ein dünnes und ungesleevtes (nicht ummanteltes) Kabel mit dem Mainboard verbunden. Gerade hier kommt es immer wieder vor, dass die Anschlüsse nicht richtig gesteckt sind, wodurch entweder die LEDs nicht wie gewünscht leuchten oder der Computer gar nicht erst startet.

Wenn alle Anschlüsse und Kabel richtig angeschlossen sind, sollte der Computer normal hochfahren.

✓ Alarm: Ist der Temperaturfühler falsch angebracht?

Ein ganz klassischer Fehler, der immer wieder auftaucht, ist ein buchstäblich zerquetschter Temperaturfühler meistens mit entsprechenden Alarmsignalen und -tönen.

Wenn Sie eine Lüftersteuerung mit Temperaturanzeige in Ihrem Computer installieren möchten oder eine solche vielleicht bereits von Haus aus im Gehäuse enthalten ist, sollten Sie genau überlegen, wo Sie die Temperatursensoren aufkleben. Es gibt immer wieder Fälle, in denen der Nutzer einen Temperatursensor zum Beispiel zwischen den Prozessor und den Kühlkörper selbst legt, um anschließend den Kühler durch die Halterung zu fixieren. Die Folge ist fast immer ein zerstörter Temperatursensor und ein nicht mehr vorhandener Kontakt des Kühlers zur Hitzequelle, was sich in Abstürzen, überhöhten Temperaturen und durchgebrannten Prozessoren äußert.

Achten Sie also gründlich auf die Verlegung der Sensoren, wenn Sie eine Lüftersteuerung besitzen. Ein Temperatursensor sollte nie gequetscht werden und damit die Funktion einer anderen PC-Komponente beeinträchtigen!

✓ Warnungen beim PC-Start

Zur Verzweiflung können nicht nur fehlende oder nicht richtig angeschlossene Kabel führen, es gibt noch viele andere kleine und meistens sehr nervende Probleme. Dazu gehören die verschiedenen BIOS-Einstellungen. Von Haus aus sind in einem BIOS mehrere Sicherheitsmechanismen aktiv, die für den Nutzer zum Teil kaum nachvollziehbar sind.

Daher sollten Sie bei Fehlermeldungen immer das Handbuch zu Rate ziehen und gegebenenfalls im BIOS (das über eine Taste beim Start des PCs aufrufbar ist, meistens ist dies die ENTF- oder F10-Taste) die notwendigen Einstellungen vornehmen. Zwar können manche Fehler auch durch einen Tastendruck übersprungen werden, allerdings ist dies auf Dauer nicht wirklich eine bequeme und vor allem sinnvolle Lösung. Typische Fehlermeldungen beim Start sind zum Beispiel ein laut Mainboard fehlender oder stehender Lüfter am CPU-Kühler oder das Fehlen einer Tastatur. Dabei ist es für das Mainboard nicht ersichtlich, ob der Nutzer vielleicht absichtlich auf den Anschluss des Lüfters am CPU-Kühler verzichtet hat, da er diesen zum Beispiel lieber an einer separaten Lüftersteuerung angeschlossen hat.

Auch kommt es immer wieder vor, dass nach einer Änderung im BIOS schwer zu deutende (Fehler-)Meldungen erscheinen. Ziehen Sie in solchen Fällen möglichst das Handbuch zu Rate und suchen Sie die Anzeige auf dem Bildschirm – falls der Boot-Vorgang durch die angezeigte Meldung unterbrochen wurde – nach Lösungen ab. Diese werden in der Regel wie folgt gekennzeichnet:

PRESS F1 TO CONTINUE
(Drücken Sie die Taste F1 zum Fortfahren)

Bastis Profi-Tipp:

In den Handbüchern von Mainboards werden bereits viele Fragen beantwortet. Alternativ können Sie anhand der angezeigten Fehlermeldung zum Beispiel im Internet nähere Informationen über das aufgetretene Problem und eine Lösung suchen.

✓ Der Computer vergisst alles

Ein weiterer klassischer Fehler ist die leere Mainboard-Batterie. Es gibt nur wenige Fehlerquellen, die für den PC-Besitzer so nervenraubend sein können. Was zuerst banal klingt, sorgt jedoch in der Regel für viel Ärger.

Doch was passiert, wenn die Mainboard-Batterie leer ist, und woran erkennen Sie dies?

Man könnte durchaus sagen, dass der Computer in einem solchen Fall unter einer starken Vergesslichkeit leidet, da er nach jedem Herunterfahren des PCs praktisch alle Einstellungen aus seinem Gedächtnis streicht. Wie wir bereits wissen, speichert das BIOS die vom Nutzer eingegebenen Daten auf dem Mainboard. Um diese Speicherung jedoch zu gewährleisten, muss eine kontinuierliche Energieversorgung bestehen – und genau dies ist die Aufgabe der Mainboard-Batterie, selbst bei einem vom Stromnetz getrennten PC.

Bemerken wird man diesen Fehler meistens recht schnell. Wenn Sie den Computer mit seinen Standardeinstellungen verwenden, sind die Uhrzeit und das Datum das deutlichste Indiz. Wurde der Speicher oder der Takt des PCs separat von Ihnen eingestellt, ist auch hier eine ungewollte Änderung der von Haus aus hinterlegten Einstellungen ein Zeichen für eine leere oder defekte Mainboard-Batterie.

Es ist übrigens nicht ungewöhnlich, wenn selbst bei neuen Mainboards die eingesetzte Batterie keine oder nur noch eine geringe Leistung aufzeigt. Die einfachste Lösung stellt in einem solchen

Fall der Austausch der Batterie dar, der mit wenigen Handgriffen realisiert werden kann. Eine solche Batterie gibt es in beinahe jedem Elektronik- oder Baumarkt und kostet meistens nur ein bis zwei Euro – eine Anschaffung, die sich lohnt.

✓ Zu wenig Arbeitsspeicherkapazität

Auch hier haben wir es mit einem typischen Problem zu tun. Ein nicht richtig eingesetzter Arbeitsspeicherriegel kann dazu führen, dass der Arbeitsspeicher vom Mainboard nicht richtig erkannt wird. Doch selbst wenn die Riegel richtig eingesetzt sind, kann es passieren, dass Sie den Arbeitsspeicher nicht oder nur bedingt ansprechen können.

Hier hilft ein Check der Einstellungen hinsichtlich Latenz, Geschwindigkeit und Spannung der eingesetzten Arbeitsspeicherriegel anhand der Verpackung oder des Aufdrucks auf den Riegeln selbst. Bei vielen Speicherriegeln ist es nämlich zwingend notwendig, dass sie mit einer vom Hersteller angegebenen Spannung betrieben werden. Liefert das Mainboard zum Beispiel nur 1,4 Volt und der Speicher benötigt jedoch 1,6 Volt, kann dies durchaus zu Problemen bei der Stabilität oder gar Lauffähigkeit führen.

Doch nicht nur fehlerhafte Einstellungen im BIOS können Probleme bereiten, auch ein nicht optimal eingesetzter Speicherriegel hat bereits so manchem PC-Bastler den letzten Nerv gekostet. Prüfen Sie daher mit leichtem Druck an den Enden der Riegel, ob diese auch wirklich im jeweiligen Speicherslot fixiert sind.

Bastis Profi-Tipp:

An den Speicherslots eines Mainboards finden sich normalerweise zwei Kunststoffnasen, die bei optimalem Sitz der Speichermodule in diese einrasten und auf diese Weise die Riegel fixieren.

✓ Der Computer scheint zu booten, aber Sie sehen nichts

Ein weiteres oftmals vorkommendes Problem ist die fehlende Anzeige auf dem Monitor. Oft ist hier die Ursache jedoch schnell gefunden, da die Lösung in fast allen Fällen in einem nicht richtig gesteckten Kabel an der Grafikkarte oder am Monitor selbst liegt.

Prüfen Sie daher erst einmal, ob der Monitor auch Strom bezieht. Dies signalisiert praktisch jeder Monitor durch eine kleine Standby-LED. Ist für die nötige Stromversorgung gesorgt, muss das Datenkabel auf seinen richtigen Sitz überprüft werden.

Bei manchen Grafikkarten ist es außerdem wichtig, dass Sie den richtigen Anschluss wählen, falls die Grafikkarte mehrere baugleiche Grafikausgänge anbietet. Ein Anschluss stellt dabei den primären Ausgabekanal dar, wobei der zweite Anschluss nur in Verbindung mit einem zweiten Monitor verwendet werden sollte.

✓ Alles ist im BIOS eingestellt und dann geht nichts mehr

Datum und Zeit sind eingestellt, die Taktraten an die eigenen Wünsche angepasst und die Latenzen des Arbeitsspeichers möglichst scharf gestellt und anschließend abgespeichert. Nun soll der Computer neu starten. Dann bleibt er direkt beim Booten hängen und nichts geschieht. Genau dies passiert häufiger, als man denken mag – nicht nur bei Einsteigern, sondern auch bei Profis und erfahrenen Nutzern in Sachen PC-Technik.

Die Lösung besteht meistens in einer fehlerhaften Einstellung, die mit einer Übertaktung oder einer etwas zu gut gemeinten Einstellung beim Takt oder bei der Latenz einhergeht.

Zum Glück haben jedoch die meisten Mainboards die sogenannte CMOS CLEAR Funktion integriert. Mit dieser Funktion lassen sich durch einen Knopfdruck oder das kurzzeitige Umsetzen eines Jumpers auf dem Mainboard die zuvor eingestellten Werte zurücksetzen. Das BIOS des Mainboards wird damit praktisch auf den Auslieferungszustand zurückgesetzt.

Bastis Profi-Tipp:

Um nach dem Einsatz der CMOS CLEAR Funktion nicht alle Einstellungen erneut vornehmen zu müssen, bieten manche Mainboards die Möglichkeit, Profile zu speichern, die selbst nach einem CMOS-Reset wieder aufgerufen werden können.

Wenn keiner dieser typischen Fälle auf Ihr Problem zutrifft, hilft meistens auch ein Blick auf das Mainboard selbst. Im Gegensatz zu älteren Modellen bietet ein Großteil der modernen Mainboards eine optische Diagnosefunktion an. Diese zeigt sich in der Regel in Form von mehreren kleinen LEDs und/oder einer numerischen LED-Anzeige. Letztere ist dabei für das Auffinden und Lösen eines Problems am besten geeignet, doch nicht jeder Hersteller verbaut eine solche Anzeige auf seinen Mainboards. In diesem Fall finden sich in der Regel im Handbuch passende Informationen, die relativ rasch Aufschluss über den aufgetretenen Fehler bringen. So lässt sich die Ursache zwar nicht zweifelsfrei sofort erkennen, doch Sie können deutliche Indizien finden und die Problembereiche eingrenzen.

Eine weitere beliebte Möglichkeit für eine schnelle Problemlösung besteht, dass man sich in entsprechenden Hardware- und Technikforen wie zum Beispiel **Technik 3D** (www.technic3d.com) mit einer konkreten Problembeschreibung an die anderen User wendet. Meistens erhält man in solchen Foren schnelle Hilfe und Tipps von Profis.

Tipps & Tricks zur Kühlung des Computers

Die Grundprinzipien einer optimalen Kühlung

Beim Betrieb Ihres Computers sollten Sie auch die Temperaturen im Auge behalten. An dieser Stelle möchten wir auf die Kühlung selbst nur kurz eingehen, da wir ihr in dieser Buchreihe einen eigenen Band widmen werden. Die Fragen, die wir in diesem Kapitel behandeln, sind auch beim Zusammenbau des eigenen Computers grundlegend wichtig. Neben den Empfehlungen, die wir bereits im Zusammenhang mit dem Kauf der Komponenten ausgesprochen haben (Kühler, Wärmeleitpaste), gibt es noch viele weitere Aspekte, die Sie bei Ihrem PC beachten sollten.

Doch warum ist eine ausreichende Kühlung nicht von vorneherein möglich? Ein selbst aufgebauter Computer ist ein Individuum, somit ist die Thermik (Wärmeentwicklung) in Ihrem Computer nur bedingt mit den thermischen Bedingungen anderer Computer zu vergleichen.

Die nachfolgenden Punkte haben einen teilweise sehr großen Einfluss auf die Wärmeentwicklung in Ihrem Computer:

- **Luftstrom**: Der Luftstrom stellt das Grundgerüst für eine funktionierende Kühlung innerhalb des Computers dar und wird durch mindestens zwei Lüfter effektiv erzeugt.
- **Lüfter**: Lüfter lenken den Luftstrom gezielt im Gehäuse. Je leistungsstärker ein Lüfter ist, desto mehr Luft kann er fördern.
- **Kühler**: CPU- und Grafikkartenkühler haben in modernen Computern die meiste Arbeit, da hier eine Verlustleistung von teilweise bis zu 300 bis 400 Watt entsteht.
- **Wärmeleitpaste**: Je höher der Wärmeleitwert einer Paste ist, desto besser ist ihre Leistung bei der Wärmeübertragung zwischen Hitzequelle und Kühler.

Diese Punkte lassen sich teilweise erst nach dem Zusammenbau des Computers prüfen und optimieren. Am hilfreichsten ist in der

Regel die Optimierung des Luftstroms, was ohne Kosten und oftmals mit nur wenig Arbeit selbst zu bewerkstelligen ist. Der erste Schritt sollte dabei ein Blick in den Computer sein, um gegebenenfalls störende Komponenten wie zum Beispiel Kabel auszumachen.

Es ist völlig normal, dass trotz sorgfältiger Planung und Umsetzung erst im Nachhinein Probleme in Bezug auf die Kühlung zum Vorschein kommen. Doch viele von ihnen können mit wenig Aufwand behoben werden.

✓ Ein optimaler Luftstrom …

Alle im Weg „hängenden" Komponenten blockieren den Luftstrom. Die in das Gehäuse gesaugte Luft wird an Gegenständen im Luftstrom gebrochen und verteilt sich zum Teil im Gehäuse, statt auf der Rückseite oder im Deckel in erwärmter Form schnellstmöglich wieder aus dem Gehäuse herausbefördert zu werden.

Wenn alle störenden Kabel soweit möglich anders verlegt wurden, sollten Sie bereits beim Luftstrom die ersten Ergebnisse beobachten können. Über das BIOS oder optionale Software können Sie die Systemtemperatur auslesen. Diese wird in der Regel durch einen kleinen Temperatursensor auf dem Mainboard ermittelt und gibt einen guten Überblick über die im Gehäuse herrschende Thermik. Falls Sie eine Lüftersteuerung oder Ähnliches besitzen, können Sie neben der Systemtemperatur die Gehäusetemperatur durch einen im Gehäuse hängenden Sensor messen.

Ist dies bereits die Lösung aller Probleme? Leider nicht, da ein Luftstrom nicht allein die perfekte Kühlung ausmacht. In einem modernen Computer befinden sich mehrere Hitzequellen, weshalb es wichtig ist, dass der Luftstrom diese Bereiche abdeckt. Es bringt also nichts, wenn Sie im Deckel Luft in das Gehäuse hineinsaugen und diese anschließend auf direktem Wege auf der Rückseite wieder abtragen.

Wichtig ist also, dass der Luftstrom eine möglichst große Fläche des Innenlebens abdeckt. Die besten Ergebnisse erzielen Sie je nach Gehäuse-Typ durch einen oder zwei Lüfter in der unteren

Frontpartie sowie durch entsprechende Gegenparts in einem möglichst weit oben angesiedelten Bereich (auf der Rückseite oder im Deckel).

✓ Einen Lüfter kann man spüren …

Der Luftstrom beziehungsweise die Voraussetzungen für einen solchen sind nun gegeben, aber die Kühlung ist noch immer nicht so gut wie gewünscht? Dies kann daran liegen, dass die im Gehäuse (oftmals von Haus aus) verbauten Lüfter entweder einen zu geringen Luftstrom produzieren oder dass der Luftstrom durch nicht aufeinander abgestimmte Drehzahlen gar nicht erst in zufriedenstellendem Maße erzeugt wird. Denn was passiert, wenn ein Lüfter in der Front mit 2000 Umdrehungen in der Minute fördert und ein rückseitiger Lüfter die Luft mit nur 800 Umdrehungen hinausbefördern soll? Es entsteht ein Überdruck, der die Wärme eher im kompletten Gehäuse verteilt, anstatt diese in einem gleichmäßigen Strom mitzuziehen.

© be quiet!

Lüfter

Puh, ist das heiß, ich habe mir fast die Pfoten verbrannt.
Wenn du das liest, wird's kühler.

Falls Sie also mit dem Luftstrom noch nicht zufrieden sind, können Sie diesen auch durch eine Anpassung der Förderleistungen beeinflussen. Am leichtesten geht dies mit einer Lüftersteuerung, um die daran angeschlossenen Lüfter in der Drehzahl den eigenen Wünschen anzupassen.

Manchen optionalen Lüftern liegen jedoch auch relativ einfache Steuerungen in Form eines kleinen Drehreglers oder Spannungsadapters bei. Beim Einsatz eines Spannungsadapters können Sie ohne großen Aufwand die an den Lüfter weitergereichte Spannung von 12 Volt (Standard) auf zum Beispiel 9 Volt reduzieren. Das Resultat daraus ist nicht nur eine geringere Förderleistung, sondern auch eine meistens deutlich niedrigere Lautstärke. Wenn ein Lüfter jedoch von Haus aus selbst bei 12 Volt zu wenig Leistung bietet und Sie hier mehr benötigen, hilft nur, die vorhandenen Lüfter neu zu platzieren oder sich ein leistungsstärkeres Modell anzuschaffen.

Zögern Sie daher nicht, weitere gegebenenfalls vorhandene Ein- und Auslässe für Lüfter zu bestücken. Beachten Sie dabei jedoch, dass es eher selten förderlich ist, wenn Sie einfach alle möglichen Stellen im Gehäuse mit einem möglichst leistungsstarken Lüfter ausstatten, denn dies sorgt eher für einen ungerichteten Luftwirbel im Gehäuse als für einen geordneten Luftstrom.

✓ Der Kühler sitzt und kühlt – oder?

Auch wenn ein Kühler fest sitzt und einen guten Kontakt zum Prozessor besitzt, kann dieser trotzdem eine unbefriedigende Kühlleistung aufweisen. Doch wie kann das sein?

Zum einen spielt immer der am Kühler montierte Lüfter eine große Rolle, da dieser aufgrund seines erzeugten Airflows und Staudrucks die Kühlleistung stark beeinflusst. Passiv sind so gut wie alle CPU-Kühler nicht in der Lage, eine Hitzequelle auch nur annähernd im grünen Bereich zu halten – sehr sparsame Mobil-Prozessoren ausgenommen. Achten Sie daher darauf, dass der verbaute Lüfter am CPU-Kühler die durch das Gehäuse beförderte Luft ausreichend stark durch die meist unzähligen Lamellen des Kühlers leitet.

Luftkühler

Ein weiteres Problem stellen zum Teil falsch herum gerichtete Kühler dar. Ideal ist es, wenn der Kühler mit dem darauf angebrachten Lüfter im Luftstrom liegt. Wird die Luft jedoch durch einen um 90 Grad gedrehten Kühler gelenkt, kann dies den Luftstrom im Gehäuse zunichtemachen.

Manche Hersteller haben bei ihren CPU-Kühlern bereits auf dieses Problem reagiert und bieten eine flexible Montage mit dem beiliegenden Befestigungsmaterial an.

✓ Schutzfolien entfernen!

Viele Kontaktflächen werden durch die Hersteller mit Schutzfolien versehen, um die meistens auf Hochglanz polierten Oberflächen aus Kupfer, Aluminium oder Nickel vor Verschmutzungen und Kratzern beim Verpacken und Transportieren zu schützen.

Zum Glück kennzeichnen viele Hersteller die Schutzfolien mit einem Warnhinweis, doch prüfen Sie vor dem Einbau trotzdem lieber noch einmal genau, ob auch wirklich keine unerwünschte Folie mehr am Kühlerboden klebt.

Wenn Sie einen Kühler inklusive Schutzfolie verbauen, kommt es oftmals innerhalb kurzer Zeit zu Überhitzungen. Dank moderner Technik und Sensorik hat dies zwar selten gleich einen Defekt zur Folge, doch allein die Suche und die durch die Schutzfolie entstehenden Probleme (Abstürze, Ruckeln und Bildfehler bei Grafikkarten oder das Heruntertakten der CPU/GPU) sind meistens zeitraubend und vor allem störend.

✓ Alles fertig, die Kühlung passt – aber ich will mehr!

Im Bereich der PC-Kühlung sind tatsächlich noch einige Tricks möglich. Neben dem Einsatz einer besseren Wärmeleitpaste aus Metall – falls Sie bis dahin nur eine normale Wärmeleitpaste auf Silikon- und/oder Glycerinbasis verwendet haben – und einer besonders sorgfältigen Reinigung können Sie entweder einen noch leistungsstärkeren CPU-Kühler einsetzen oder gar den Schritt zur inzwischen sehr sicheren Wasserkühlung wagen.

Im Bereich der Luftkühlung ist eine Leistungssteigerung normalerweise nur durch einen deutlich größeren Kühler möglich. Die Größe der Kontaktfläche (Metall zu Luft) entscheidet dabei über die Leistung. Auch der Einsatz von Heatpipes kann die Leistung deutlich optimieren, da Heatpipes die Wärme unabhängig von der Einbaurichtung sehr zügig abtransportieren.

Die Wasserkühlung ist im Vergleich zur Luftkühlung ein eigenes Thema, das wir in verschiedenen Varianten ausführlich im nächsten Band unserer Buchreihe **Technic3D – Computertechnik leichtgemacht** präsentieren werden.

Tipps & Tricks zur Reduzierung der Lautstärke

Wie Sie die Lautstärke Ihres Computers reduzieren können

Wenn alles soweit installiert ist und auch eventuelle Probleme bei der Kühlung behoben sind, kommt meistens ein weiterer sehr wichtiger Punkt auf den Computerbesitzer zu: die Lautstärke. Je besser die Kühlung ist, umso deutlicher hört man den Computer im Betrieb – und das kann überaus störend sein!

Doch wie kann man dieses Problem beheben, ohne die Kühlung zu vernachlässigen?

Zuerst einmal müssen wir herausfinden, woher die störenden Geräusche beim endlich fertig aufgebauten, eingerichteten und in der Kühlung optimierten Computer kommen:

1. **Subjektives Hören**: Durch das Hinhören können Sie bei geschlossenen und geöffneten Gehäusen schnell und relativ zuverlässig die Quelle des Geräuschs orten. Gehen Sie mit dem Ohr ganz nah an den Computer heran und merken Sie sich, wo Sie welche Geräusche wahrnehmen.

2. **Fühlen**: Nicht alle Geräusche, die den Nutzer stören, stammen letztendlich auch von einem lauten Lüfter. Ein weiteres Problem stellen auch Vibrationen dar, die je nach Intensität für eine ziemlich große Lärmbelästigung sorgen können. Typische Lärmquellen sind hier Festplatten und 5,25-Zoll-Laufwerke.

Besonders schlimm wird es, wenn sich die Vibrationen durch das Gehäuse ausbreiten und so für eine andauernde Geräuschbelästigung sorgen. Hierfür sind verschiedene Faktoren entscheidend.

Je dünner und leichter das Metall der Gehäusewände ist, desto mehr vibrieren sie. Besonders anfällig sind hier die mehr oder weniger losen Seitenteile am Gehäuse, die meistens lediglich gesteckt und mit zwei Schrauben fixiert werden.

Sie sehen also, es gibt mehrere Problembereiche, die einen eigentlich soweit gut durchdachten Computer zu einem lauten Begleiter machen. Doch auch diese kann man mit wenig Aufwand beheben und damit den Computer deutlich leiser gestalten.

✓ Lüfter ist nicht gleich Lüfter!

Die von Haus aus in Gehäusen verbauten Lüfter unterliegen in der Regel einer hohen Serienstreuung. Dies hat zur Folge, dass selbst bei zwei oder drei baugleichen Gehäusen (ohne zusätzliches Innenleben) die Lüfter unterschiedlich laut klingen.

Sollte also auch Ihr Gehäuse dank nicht ganz optimaler Lüfter störend laut sein, kann dies durch entsprechend hochwertigere und leisere Lüfter ausgeglichen werden. Natürlich sollten Sie dabei keine Wunder verlangen, denn es gibt auch bei den Lüftern keine Rundum-Alleskönner.

Auf unserer Internetseite **www.technic3d.com/luefter** haben wir ein sehr aufwändiges Review-System speziell für das Prüfen von Lüftern konzipiert und realisiert. Auf Basis dieser Lüfterstation stellen wir unseren Lesern regelmäßig neue Lüfter vor, wobei wir sie auch in den direkten Vergleich zu anderen Modellen stellen. Dabei werden in der Technic3D-Redaktion nicht nur die subjektive Lautstärke und die Qualität des Lüfters beurteilt. Vielmehr helfen auch die bei uns gemessene Leistung (in m^3 pro Stunde), die nötige (Anlauf-)Spannung, der im Produkt vorgefundene Lieferumfang und die vom Hersteller angegebene unverbindliche Preisempfehlung dem Nutzer bei der Auswahl eines für sich optimalen Lüfters.
Neben den Lüftern finden Sie bei **www.technic3d.com** natürlich auch viele weitere Nachrichten und Reviews über Netzteile, Kühler, Grafikkarten und viele andere Komponenten.

Im besagten Lüftervergleich können Sie mit wenigen Klicks den für Sie passenden Lüfter finden. Beachten Sie jedoch, dass es keinen Lüfter gibt, der eine sehr hohe Fördermenge bei flüsterleisem Betrieb ermöglicht. Entscheidend ist der richtige Kompromiss, der für die gute Kühlung innerhalb des Gehäuses besonders wichtig ist.

Auf den meisten aktuellen CPU-Kühlern befinden sich „normale" Lüfter, die mit wenigen Handgriffen gegen optionale und gegebenenfalls bessere Lüfter ausgetauscht werden können.

Je nach anfallender Verlustleistung des Prozessors sollte ein solcher Lüfter etwas leistungsstärker als die umliegenden Gehäuselüfter sein. Neben Kühlern für Prozessoren werden auch immer häufiger besonders leistungsstarke und meistens sehr ausladende Grafikkartenkühler mit regulären Lüftern ausgestattet. Es ist bei solchen Modellen nicht gerade selten, dass diese Kühler breiter als die eigentliche Grafikkarte sind und somit Platz für mehr als einen 120-mm- oder 140-mm-Lüfter anbieten.

✓ Es rattert ohne Ende!

Neben der direkt von Lüftern produzierten Lautstärke können Vibrationen ebenfalls äußerst störend für den PC-Nutzer sein. Selbst relativ geringe Vibrationen können bei leisen Computern dem Nutzer bisweilen den letzten Nerv rauben.

Hervorgerufen werden diese Vibrationen durch mehrere Faktoren, die gleichzeitig aufeinandertreffen müssen. Zum einen braucht es mindestens eine Komponente, die spürbare Vibrationen abgibt. Meistens sind dies normale Laufwerke für CDs, DVDs oder Blurays und schnell drehende Festplatten.

Neben der Vibrationsquelle braucht es jedoch noch Teile des Gehäuses, die nicht miteinander verbunden sind. Aufgrund einer sehr guten Verbindung in Form von mehreren Schrauben und/oder Nieten kommen meistens lediglich die folgenden Teile in Frage:

- Seitenteile,
- Deckel (falls nicht vernietet),
- Front.

Bin ich froh, dass du mir das leiser machst.
Das war das letzte Mal. Damit schaffst du's auch selbst.
TECHNIC
Der Weg zum eigenen Computer

Doch allein diese beiden Faktoren sorgen noch nicht für eine Geräuschbelästigung, denn auch das Material muss für Schwingungen und somit für anfallende Vibrationen empfänglich sein. Kunststoff oder Stahl ist hier eher unempfindlich, besonders dünnes Aluminium jedoch umso mehr.

Lösen können Sie ein solches Problem auf verschiedene Weise, wobei Sie nicht einmal auf ein hochwertiges und meistens teureres Aluminium-Gehäuse verzichten müssten.

Wir haben Ihnen hier einige Möglichkeiten aufgelistet, die die Vibrationen zumindest spürbar mindern können – sobald Sie herausgefunden haben, wo genau die Vibrationen auftreten.

- **Dämmung**: Mit einer Dämmung kann nicht nur die Lautstärke des Computers verringert werden, sie hilft auch, Vibrationen einzudämmen. Die meistens einen Zentimeter dicken Dämmmatten beschweren die vibrierenden Komponenten und verringern deren Fähigkeit, Schwingungen aufzunehmen.
  Manche Händler bieten universelle Dämmsets für Gehäuse an, wobei es auch für viele Gehäuse bereits vorgeschnittene Dämmmatten gibt, was natürlich wesentlich weniger Arbeit verursacht.
  Besonders praktisch ist es natürlich, wenn Sie ein Gehäuse erwerben, das von Haus aus schon über eine Dämmung verfügt. So sparen Sie sich das Zuschneiden und das Einkleben der Matten.
  Beachten Sie hier aber unbedingt, dass eine Dämmung normalerweise die Temperatur im Gehäuse etwas ansteigen lässt. Bei einer gut funktionierenden Belüftung stellt dies jedoch kein Problem dar, wobei sich der Anstieg der Innenraumtemperatur in einem solchen Fall nur um 1 bis 2°C bemerkbar macht.

- **Vlies**: Besonders empfindlich für Vibrationen sind die metallischen Auflageflächen der Seitenteile, die sich etwa einen halben bis einen Zentimeter mit dem Seitenteil überschneiden.
  Mit Hilfe von dünnen und wenn möglich selbstklebenden Vlies-Streifen können Sie diese Vibrationen mindern.

Bekleben Sie jedoch nicht sofort alles mit Vlies, sondern gehen Sie Stück für Stück vor. Durch die so entstehende Zwischenschicht lassen sich die Seitenteile meistens deutlich schwerer schließen, eine metallische Verbindung ist jedoch nicht mehr vorhanden.

- **Antivibrationen**: Es lohnt sich auch, die Vibrationen selbst anzugehen. Bei Lüftern und Festplatten können hier verschiedene Antivibrations-Elemente eingesetzt werden, seien es Schrauben (Bolts) aus Silikon oder Gummi oder gar ganze Aufhängungen, die eine Festplatte komplett von jeglichem Metall im Gehäuse entkoppeln.
  Bei größeren 5,25-Zoll-Laufwerken ist es jedoch deutlich schwieriger, deren Lautstärke zu reduzieren. Neben dem Einsatz von möglichst dünnem Vlies an den Seiten eines Laufwerks können Sie über verschiedene Software auch die Geschwindigkeit des Laufwerks reduzieren. Das Ergebnis ist in der Regel eine deutliche Verminderung der Vibrationen und der Lautstärke.

- **Lüfterdrehzahl**: Auch ein leiser Lüfter kann für Vibrationen sorgen, selbst wenn er entkoppelt ist. Reduzieren Sie in einem solchen Fall die Drehzahl des Lüfters ein wenig, um die anfallenden Vibrationen zu minimieren. Achten Sie dabei auf eine noch ausreichend starke Förderleistung (Airflow / Kühlung).

Wenn Sie all diese Tipps beim Optimieren Ihres neuen Computers beherzigt haben, sollte er nun deutlich leiser sein. Es stellt kein Problem dar, wenn Sie die aufgezeigten Maßnahmen miteinander kombinieren. Erwarten Sie jedoch keine Wunder! Es gibt keinen lautlosen Computer – zumindest nicht, wenn man eine gewisse Leistung benötigt. Und leider gewöhnen wir Menschen uns besonders unter leisen Bedingungen viel zu schnell an die neue Geräuschkulisse, was zur Folge hat, dass wir auf Geräusche, die wir bis dahin nicht oder nur kaum wahrgenommen haben, plötzlich sehr empfindlich reagieren.

Wenn Sie die Kühlung und Lautstärke Ihres Computers noch weiter verbessern und Ihren Vorstellungen anpassen möchten, stehen neben der hier vorgestellten Luftkühlung noch weitere

Methoden zur Kühlung des Computers zur Verfügung. Die berühmteste und mit am weitesten verbreitetete Kühlung ist zweifellos die sogenannte Wasserkühlung (auch kurz als WaKü bezeichnet). Diese moderne Kühltechnik hat sich im Laufe des letzten Jahrzehnts deutlich gewandelt und immer weiter verbessert, wobei sie vor allem beim Einsatz hochwertiger Komponenten deutlich sicherer und vor allem auch alltagstauglicher wurde. Aus diesen Gründen ist die Wasserkühlung heute sogar für Einsteiger mit einem gewissen Grad an Erfahrung bereits eine Überlegung wert, wobei sich aber auch hier noch verschiedene Probleme ergeben können.

Einen näheren Einblick in diese und andere Techniken zur Kühlung von Computern erhalten Sie im nächsten Band unserer Buchreihe **Technic3D – Computertechnik leichtgemacht**.

Doch ganz gleich, für welche Kühlung Sie sich entscheiden, der grundsätzliche Aufbau und die Zusammenstellung müssen Ihnen leicht von der Hand gehen. Ansonsten ist eine solche Aufrüstung nur bedingt zu empfehlen.

Einsteiger können auch auf flüssigkeitsgekühlte Kompaktlösungen setzen, die ähnlich wie Luftkühler gehandhabt werden, jedoch absolut wartungsfrei sind. Allerdings muss auch hier auf die Lautstärke hingewiesen werden, die trotz eventueller Verbesserungen in der Kühlleistung kaum besser ist als bei vielen guten Luftkühlern.

Begriffsverzeichnis

Nachfolgend erläutern wir für Sie die in diesem Buch aufgezeigten Fachwörter und Themen sowie viele weitere wichtige Fachbegriffe rund um den Computer. Wenn Sie auf unserer Plattform **www.technic3d.com,** in Büchern oder anderen Medien auf Fachbegriffe stoßen, können sie diese hier nachschlagen. Zögern Sie auch nicht, andere Nutzer zu fragen, wenn Sie sich nicht sicher sind, zum Beispiel Bekannte mit PC-Erfahrung oder auch in Foren wie dem **Technic3D-Forum**.

Airflow (Luftstrom) – Ein durch das Gehäuse geführter Luftstrom, der die im Gehäuse entstehende Abwärme nach außen trägt.

APU (Accelerated Processing Unit) – Eine moderne Form von Prozessoren, die von Haus aus bereits einen zusätzlichen Co-Prozessor (zum Beispiel für die Grafikberechnung) besitzen.

Arbeitsspeicher (RAM, Memory) – Speichert kurzfristige Informationen zwischen, um diese schnell zur Verfügung zu stellen. Kann keine Daten speichern, wenn der Computer ausgeschaltet ist.

ATX – Ein weit verbreiteter Formfaktor, der hauptsächlich für Gehäuse, Mainboards und Netzteile verwendet wird.

Betriebssystem (OS, Operating System) – Basis-Software zur Benutzung des Computers. Bekannte Betriebssysteme sind Microsoft Windows, Linux sowie MacOS von Apple.

BIOS (Basic Input Output System) – Eine im Mainboard aufgespielte Software, mit der die verbauten Komponenten angesteuert und kontrolliert werden können.

Blu-ray – Modernes Speichermedium mit einer deutlich höheren Speicherdichte als DVDs oder CDs. Durch High Definition Filme wird der Speicherplatz effektiv ausgelastet. Bei Spielen und Programmen ist dieses Medium nicht anzutreffen.

Bluescreen (BSOD) – „Blaue“ Fehlermeldung des Computers, wenn dieser durch einen Fehler abstürzt.

Booten – Startvorgang des Computers, bei dem die Hardware erkannt und das Betriebssystem geladen wird. Während des Bootvorgangs werden auf dem Monitor Informationen zum Computer dargestellt. Auch können im BIOS Einstellungen geändert werden.

Brenner – Internes oder externes Laufwerk zum Beschreiben von Datenträgern (CD, DVD, Blu-ray). Je nach Geschwindigkeit und unterstützten Formaten können sehr große Datenmengen auf einem Datenträger gesichert werden.

Cache (Zwischenspeicher) – Eine Form von Zwischenspeicher, der ein umständliches Speichern von kurzlebigen Daten auf einem langsameren Medium (wie zum Beispiel auf einer normalen Festplatte) vermeidet. Auch als Puffer bezeichnet.

CD – Bereits seit vielen Jahren bekanntes und weit verbreitetes Speichermedium, das normalerweise auch von DVD- und Blu-ray-Laufwerken gelesen und teilweise auch beschrieben werden kann. Die CD bietet im Vergleich zur DVD deutlich weniger Platz für Daten. Besonders beliebt noch heute zur Speicherung von Musik.

Chipsatz – Teil des Mainboards, der die Kommunikation zwischen der aufgesteckten Hardware regelt und Anschlüsse verwaltet.

CMOS (Complementary Metal-Oxide Semiconductor) – Alle im BIOS vom Benutzer vorgenommenen Einstellungen werden im sogenannten CMOS auf dem Mainboard gespeichert. Der CMOS-Speicher erhält seine Energie von der Mainboard-Batterie, wodurch sie auch ohne Netzanschluss die enthaltenen Daten nicht verliert. Wenn die Mainboard-Batterie einmal leer ist, verliert der CMOS-Speicher seine hinterlegten Daten. Bei modernen Mainboards kann der Speicher per Hand durch das Umsetzen eines Jumpers geleert werden.

Crossfire – Eine Technik des Herstellers AMD (ehemals ATi), welche die Zusammenschaltung mehrerer Grafikchips zur Steigerung der Leistung regelt.

Desktop – Streng übersetzt bedeutet dieser Begriff nichts anderes als die Oberseite beziehungsweise Arbeitsfläche des Schreibtisches. Der Desktop stellt die Arbeitsumgebung dar, auf der der Benutzer Programmsymbole findet oder entsprechende Programme platzieren kann.

DIE – Ein Halbleiterchip, der die zentrale Komponente von zum Beispiel Prozessoren darstellt und meistens aufgrund eines darüberliegenden Heatspreaders nicht zu sehen ist.

DPI (Dots per Inch) – Eine Maßeinheit für Drucker, Monitor, verschiedene Ausgabegeräte und zum Teil auch für Eingabegeräte wie Mäuse. Gibt die Auflösung beziehungsweise Punktdichte der entsprechenden Komponente an.

DTS (Digital Temperature Sensor) – Digitale Sensoren innerhalb des Prozessors, die für jeden Kern einzelne Messwerte weiterreichen. Die DTS-Werte werden zur Ermittlung der Tdie-Temperaturen verwendet.

DVD – Wie die CD und die Blu-ray ist auch die DVD ein modernes Speichermedium und ein beliebter Datenträger für Programme, Spiele und Filme in verhältnismäßig geringer Auflösung.

E-ATX – Ähnlich wie das ATX-Format stellt auch E-ATX einen gängigen Formfaktor dar. Platz findet dieser jedoch meistens nur in großen Big-Towern. Manche E-ATX-Mainboards bieten Raum für mehr als nur einen Prozessor.

E-Mail – Elektronische Post, die mit Hilfe eines E-Mail-Programms oder einer entsprechenden Internetseite empfangen und versendet wird.

E-SATA – Externer SATA-Anschluss, der fast ausnahmslos für mobile beziehungsweise externe Laufwerke verwendet wird.

EPS – Dieser Begriff kommt ursprünglich aus dem Workstation- und Server-Segment. In modernen und leistungsstarken Netzteilen findet sich neben ATX-Anschlüssen auch oftmals ein EPS-Anschluss, der meistens in Form eines 8-Pin-Steckers (oder 4+4-Pin-Steckers) auf dem Mainboard angeschlossen wird.

Festplatte (HDD) – Gängiges und beliebtes Speichermedium für Daten des Nutzers, wobei diese auch bei ausgeschaltetem Computer erhalten bleiben. In verschiedenen Größen relativ preisgünstig verfügbar.

Fingerprintreader – Gerät zur Identifizierung des Benutzers per Fingerabdruck, um die Sicherheit der hinterlegten Daten zu erhöhen. In manchen Notebooks bereits verbaut.

FireWire (IEEE 1394) – Übertragungsstandard für Daten, der in direkter Konkurrenz zum USB-Standard steht. Der FireWire-Anschluss ist nicht (mehr) ganz so verbreitet, bietet jedoch sehr hohe Übertragungsraten.

Flüssigmetall (Liquid Metal) – High-End Wärmeleitpaste aus 100 Prozent Metall, die unter anderem vom deutschen Hersteller Coollaboratory entwickelt wurde und eine deutlich bessere Wärmeleitfähigkeit als Wärmeleitpasten auf Silikon- und Glycerinbasis besitzt. Die flüssigen Varianten sind nicht für Aluminium geeignet. Auch in Form eines metallischen Wärmeleitpads (für alle Metalle geeignet) erhältlich.

Formfaktor – Es gibt bei vielen Komponenten Formfaktoren, welche die Größe und Art der jeweiligen Komponente bestimmen. Verschiedene Formfaktoren (ATX, Micro-ATX, E-ATX, Mini-ITX usw.) findet man zum Beispiel bei Gehäusen und Mainboards. Netzteile für den Heim-PC entsprechen meistens dem ATX- oder Micro-ATX-Standard.

Gehäuse (Case) – Den PC umschließende Hülle aus Metall, die den Zugriff auf die Hardware meistens über abnehmbare Seitenteile ermöglicht. Fast alle elektrischen Komponenten haben ein Gehäuse aus Kunststoff oder Metall, welches das Innenleben vor Beschädigungen schützt.

Grafikkarte (GPU) – Zuständig für die Grafik- und Videoausgabe. Je nach Leistung auch für Spiele geeignet.

Hardware – Sammelbegriff für die im Computer verbauten „harten“ Komponenten wie die Grafikkarte, der Prozessor und Ähnliches.

HD (High Definition) – Hochauflösendes Fernsehen. Einer der Modebegriffe unserer Zeit, der in allen erdenklichen Bereichen eingesetzt wird, sei es bei Filmen, Fernsehen oder Spielen.

Heatpipe (Wärmerohr) – Hat sich im Laufe der vergangenen Jahre zur Kühlung im Computer bewährt. Die Wärmerohre leiten die aufgenommene Wärme trotz eines geringen Querschnitts von nur wenigen Millimetern sehr schnell von einem Ende zum anderen, wodurch die Kühlung deutlich verbessert werden kann.

Heatspreader (HS) – Normalerweise eine Abdeckung aus Metall (vernickeltes Kupfer), die den DIE eines Prozessors schützt.

Hyper-Threading (HTT) – Die Hyper-Threading Technologie wurde vom Hersteller Intel entwickelt und findet in vielen Prozessoren dieses Herstellers Verwendung. Durch diese hardwareseitig integrierte Technik können Prozessoren mehr Aufgaben auf einmal bearbeiten (Parallelverarbeitung).

IDE – Heute kaum noch im Einsatz befindlicher Anschluss, der aufgrund seiner Größe und Starrheit bei PC-Anwendern nur bedingt beliebt war. Der legitime Nachfolger ist das deutlich kompaktere und besser zu verlegende SATA-Kabel.

Internet (WWW, World Wide Web) – Weltweites Netzwerk aus unzähligen Computern und Servern.

Kühler (Cooler) – Aktiver oder passiver Kühler, der in der Regel eine Vielzahl von Kühlrippen und/oder Lamellen besitzt. Durch seine deutlich größere Oberfläche kann ein Kühler die aufgenommene Wärme schneller an die Umluft abgeben. Für fast alle Komponenten im Computer erhältlich.

LCD (Liquid Crystal Display) – Nicht flimmernder Flachbildschirm mit einer kompakten Einbautiefe, einem geringen Stromverbrauch und einer festen (nativen) Auflösung, unter der das angezeigte Bild für das menschliche Auge angenehm scharf ist.

LED – In Computern und modernen Flachbildschirmen eingesetzte Beleuchtung. Auf Mainboards und in Gehäusen als Status-

Anzeige, in Displays zur Hintergrundbeleuchtung verwendet. Auch im Modding-Bereich immer mehr im Einsatz.

Linux – Bekanntes Betriebssystem, das in der Regel kostenlos in verschiedenen Distributionen erhältlich ist.

Lüfter (Fan) – Dient der Belüftung des Computers oder einzelner Elemente wie dem CPU-Kühler. In verschiedenen Größen erhältlich und meistens mit einem 3-Pin-Molex- oder einem 4-Pin-PWM-Anschluss ausgestattet.

Mainboard (Motherboard) – Hauptplatine eines Computers, auf der alle anderen Komponenten an- oder aufgesteckt werden.

Malware – Eine der modernsten Bezeichnungen für Computerschädlinge, wobei diese in ihrer Art breit gefächert sind. Es gibt ungefährliche Malware, die lediglich das Nutzerverhalten ausspioniert. Es finden sich jedoch auch viele aggressive und zum Teil sehr gefährliche Abarten, die auf eine Manipulation des Betriebssystems zu fremden Zwecken ausgerichtet sind.

Maus (Mouse) – Eingabegerät zur Steuerung des Computers, das in seiner Form einer Maus ähnelt. Mit Kabel und ohne Kabel erhältlich. Mit Hilfe von Kugeln, optischen Sensoren oder Lasern in der Maus registriert der Computer jede ihrer Bewegungen.

Mauspad – Bis zu A4-große Fläche, auf der eine Maus bewegt wird, um eine optimale Nutzbarkeit zu gewährleisten. Mauspads bestehen aus unterschiedlichen Materialien, wobei besonders beim Spielen sehr glatte Materialien zum Einsatz kommen, um eine besonders gute Gleitwirkung der Maus zu gewährleisten.

Micro-ATX – Ähnlich wie das ATX-Format stellt auch Micro-ATX einen gängigen Formfaktor dar. Micro-ATX-Mainboards und -Netzteile werden oft in kompakten Computergehäusen verbaut.

Mini-ITX – Im Vergleich zu den ATX-Varianten stellt Mini-IXT einen sehr kleinen Formfaktor dar. Man findet ihn fast ausschließlich in sehr kompakten und entsprechend leistungsarmen HTPC-Systemen. Im Bereich der Mini-ITX-Systeme sind passive Kühlungen meistens problemlos realisierbar.

Modding – Modifizierung des eigenen Computers, um diesen im Hinblick auf die Kühlung oder das Aussehen zu optimieren. Besonders beliebt sind hier Beleuchtungen und Fenster.

Monitor (Display) – Anzeigegerät zur Wiedergabe der Daten vom Computer. In verschiedenen Größen und Arten verfügbar.

Multiplikator – Eine entweder feste oder durch das BIOS einstellbare Größe, die direkten Einfluss auf die Taktfrequenz des Prozessors besitzt.

Netzteil – Energieversorgung des Computers, die direkt an das Stromnetz angeschlossen wird. Durch verschiedene Stecker kann ein Netzteil alle Komponenten innerhalb eines Computers mit dem nötigen Strom versorgen.

Netzwerk (LAN) – Verbindung zwischen mehreren Computern und/oder Geräten, meistens durch einen Router realisiert und in verschiedenen Geschwindigkeiten verfügbar.

Noob (Newbie, N00b) – Meist nicht unbedingt freundlich gemeinte Bezeichnung in Spielen und Foren, um einen anderen Spieler oder Forennutzer als „Neuling" und „Unwissenden" abzustempeln.

Notebook (Laptop, Sub-Notebook, Netbook) – Kompakte und mobile Art des Computers zum Auf- und Zuklappen. In verschiedenen Größen erhältlich.

PCI – Der PCI-Bus-Standard ist die Verbindung von den in das Mainboard gesteckten Komponenten (zum Beispiel einer Soundkarte) mit dem auf dem Mainboard verbauten Chipsatz eines Prozessors. In heutigen PC-Systemen ist der normale PCI-Slot nicht mehr zu finden.

PCI-Express (PCIe) – Ähnlich wie der PCI-Bus ist der PCI-Express-Standard für die Kommunikation zwischen Komponenten und Chipsatz verantwortlich. Der PCI-Express-Slot stellt den Nachfolger des PCI- sowie des damals ebenfalls oft anzutreffenden AGP-Standards dar. Neben einer höheren Datenübertragung ermöglicht der PCI-Express-Slot auch die Energieversorgung der eingesteckten Komponente.

Prozessor (CPU) – Der zentrale Kern eines Computers, der den Großteil der vom Computer zu bewältigenden Rechenaufgaben übernimmt.

RAID (Redundant Array of Independent Disks) – Moderne Technik zur Verwaltung und Nutzung von mehreren Datenträgern (Festplatte, SSD usw.), wobei verschiedene Betriebsvarianten zur Verfügung stehen.

Registry – Der für den Nutzer in der Regel eher unsichtbare Kern des Betriebssystems. Die Registry besteht aus Tausenden von Einträgen und ist für alle erdenklichen Aufgaben zuständig. Änderungen und Anpassungen sollten daher nur dann vorgenommen werden, wenn man genau weiß, was man tut. Fehler bei Änderungen der Registry können zur Unbrauchbarkeit des Betriebssystems führen.

Reset – Ein umgehender Neustart des Systems, meistens ausgelöst durch den bei vielen Gehäusen vorhandenen Reset-Button. Dabei wird das Betriebssystem vorher nicht noch heruntergefahren. Normalerweise nutzt man den Reset nur, wenn der Computer aufgrund eines Fehlers hängenbleibt und nicht mehr reagiert.

SATA (Serial ATA) – Moderne Schnittstelle zur Datenübertragung zwischen Laufwerken (Festplatten, SSDs, DVD-Laufwerke und ähnliche). Bietet neben einer theoretisch sehr hohen Datenübertragung auch eine äußerst leichte Verlegung und Installation der Kabel.

Scrollrad – Fester Bestandteil von Mäusen, um durch lange Dokumente oder Internetseiten zu „blättern“, d.h. vertikal oder horizontal den Anzeigebereich des Dokumentes zu ändern. Neben dem klassischen Scrollrad finden sich an modernen Mäusen zum Teil kleine Touchpads, die die Scrollfunktion anhand der Bewegung des Fingers ausführen.

Server – Ein Server kann ein Programm oder auch ein Computer sein. In der Regel ist jedoch ein in einem Rechenzentrum aufgestellter Computer gemeint, der zum Beispiel die Bereitstellung einer Internetseite realisiert.

SLI (Scalable Link Interface) – Eine Technik des Herstellers NVIDIA, welche die Zusammenschaltung mehrerer Grafikchips zur Steigerung der Leistung regelt.

Software (Programm) – Auf dem Computer installierte Programme, die eine bestimmte Funktion ausführen.

Soundkarte (Soundchip) – Zuständig für die Wiedergabe von Sound (Musik usw.). Kann als Steckkarte verwendet werden, oftmals jedoch bereits auf dem Mainboard integriert.

Speicher (RAM, Memory) – Kompakte Chips, die für die Zwischenspeicherung von Daten zuständig sind. In der Regel sind mehrere Chips auf einer Grafikkarte oder einem Arbeitsspeicher-Riegel verbaut, aus denen sich dann eine Gesamtkapazität ergibt.

SSD (Solid State Drive) – Moderne Form der Festplatte auf Basis von Flash-Speichern. Meistens in einem kompakten 2,5-Zoll-Gehäuse verbaut. Erzeugt keine nennenswerte Abwärme.

Stand-By (Bereitschafts-/Wartebetrieb) – Ein Modus des Computers, in dem dieser keiner Last ausgesetzt ist und soweit wie möglich Komponenten abschaltet. Auf diese Weise wird Energie eingespart, wenn der Nutzer den PC gerade nicht benötigt. Im Gegensatz zum normalen Ausschalten ist das System jedoch innerhalb von Sekunden wieder ansprechbar.

Tablet – Kompakter und meistens sehr schmaler Computer in A4- oder A3-Größe mit einer Tiefe von meistens ca. 1 bis 2 Zentimetern. In der Regel eher leistungsschwach und mit einem Touchscreen ausgestattet.

Tastatur (Keyboard) – Eingabegerät zum Einfügen von Schriftzeichen sowie zur Steuerung.

Tcase – Von Prozessorherstellern für die maximale Temperatur verwendeter Punkt am Prozessor. Der (nicht regulär messbare) Tcase-Messpunkt befindet sich in der Mitte der Oberfläche des DIE beziehungsweise des Heatspreaders. Die Tcase-Temperatur ist in der Regel (deutlich) niedriger als die Tdie-Temperatur.

Tdie – Die interne Prozessortemperatur, die von Programmen und vom Mainboard in der Regel anhand der DTS- und Tjunction-Max-Werte wiedergegeben werden.

TDP (Thermal Design Power) – Vom Prozessorhersteller angegebene maximale Leistungsaufnahme eines Prozessors.

Tjunction Max – Die vom Prozessorhersteller angegebene Maximaltemperatur, bei der (im Verbund mit der DTS) das System mit einer Abschaltung beziehungsweise einer Drosselung des Prozessors geregelt wird, falls dieser im laufenden Betrieb zu heiß wird. Die kritische Temperaturschwelle eines Prozessors wird auch PROCHOT genannt.

Touchpad – Größtenteils in Notebooks verbaut, fungiert als Ersatz für die Maus. Wird mit einem oder mehreren Fingern bedient.

Touchscreen – Display mit einer berührungsempfindlichen Oberfläche, wodurch eine Steuerung des Computers mit den Fingern auf dem Display ermöglicht wird. Neben Computern findet sich diese Technik auch in vielen modernen Tablets und Handys (Smartphones) wieder.

Treiber (Driver) – Schnittstelle zwischen Betriebssystem und Hardware. Meistens bereits im Betriebssystem integriert, sonst auch einem Gerät in Form einer CD/DVD beigelegt.

Trojaner – Eine besonders heimtückische Schädlings-Variante (Name abgeleitet vom Trojanischen Pferd). Täuscht den Nutzer durch eine meistens nicht gegebene Funktion, um im Hintergrund unbemerkt Schadsoftware (Viren und Würmer) auf den Computer zu laden.

USB – Schnelle Datenschnittstelle, die im Großteil der auf dem Markt befindlichen Datenträgern (externe Festplatten, USB-Sticks usw.) und Geräten (W-LAN-Stick, Maus, Tastatur usw.) zum Einsatz kommt. Bei Mainboards von Haus aus mehrfach integriert.

Verlustleistung – Im PC-Bereich hauptsächlich für die entstehende Abwärme verwendet. Je leistungsstärker eine Komponente ist, umso mehr Abwärme produziert sie in der Regel. Bei einem Netzteil stellt eine hohe Abwärme wiederum eine eher schlechte Effizienz dar.

Virus – Wie der Trojaner und der Wurm ist auch der Computervirus ein Programm. Er vermehrt sich soweit möglich selbstständig, schleust sich dabei in andere Programme ein und nutzt diese zugleich als Tarnung.

W-LAN – Kabelloses Netzwerk, in der Regel durch einen Sicherheitsschlüssel vor Fremdzugriffen gesichert. Auch als „offenes" W-LAN zum Beispiel auf Bahnhöfen zu finden.

Wasserkühlung (WaKü) – Alternative zur Luftkühlung. Deutlich bessere Leistung, jedoch auch (einmalig) mit einem hohen Aufwand und Preis verbunden.

Webcam – Kompakte Videokamera zur Kommunikation mit anderen Nutzern im Internet.

Windows – Das wohl bekannteste Betriebssystem für den PC, das vom Hersteller Microsoft in regelmäßigen Abständen als überarbeitete und kostenpflichtige Version veröffentlicht wird.

Wurm (Worm) – Verfolgt ein ähnliches Prinzip wie der Virus, da er sich möglichst selbstständig vermehrt. Nutzt dabei jedoch nicht bereits vorhandene Software zur Tarnung und lässt sich, wenn er einmal ein System infiziert hat und vom Sicherheitstool nicht gestoppt wurde, nur schwer entfernen.

Zocken (Gamen, Daddeln) – Modebegriff für das Spielen am Computer, wobei hier mit allen gängigen PC-Spielen (allein oder mit Freunden) „gezockt" werden kann.